क्या खोया, क्या पाया

अटल बिहारी वाजपेयी : व्यक्तित्व और कविताएं

क्या खोया
क्या पाया

अटल बिहारी वाजपेयी : व्यक्तित्व और कविताएं

सम्पादक : कन्हैयालाल नंदन

राजपाल

₹ 265

ISBN : 9788170283355

KYA KHOYA KYA PAYA (Poetry) by Atal Bihari Vajpayee

मुद्रक : जी.एस. ऑफसेट, दिल्ली

राजपाल एण्ड सन्ज़

1590, मदरसा रोड, कश्मीरी गेट, दिल्ली-110006

फोन : 011-23869812, 23865483, 23867791

website : www.rajpalpublishing.com

e-mail : sales@rajpalpublishing.com

www.facebook.com/rajpalandsons

अनुक्रम

भूमिका

कविताएं

भारत की वाचिक परंपरा के विलक्षण कवि

अपनी बात एक टेलीफोन वार्ता से शुरू कर रहा हूँ। कलकत्ते से पण्डित विष्णुकान्त शास्त्री दिल्ली आए हुए थे। उनका दिल्ली आना कोई विशेष रूप से रेखांकित करने वाला हो, ऐसा कुछ नहीं था। आते ही जाते रहते हैं वे, अपनी पार्टी के उपाध्यक्ष/सांसद रहे हैं। लेकिन उन्होंने एक दिन सुबह-सुबह मुझे फोन किया :

"नन्दनजी, आज आपको थोड़ा कष्ट दूँगा। आपको मेरे पास आना होगा। लेकिन एक चीज़ मैं आपको ऐसी दूँगा कि आपका मन खुश हो जाएगा," शास्त्री जी ने कहा।

विष्णुकान्तजी मेरे लिए हमेशा आदरणीय रहे हैं—विद्वान, संस्कारवान, वैचारिक औदार्य के केन्द्रबिन्दु, शब्द के प्रति आस्थावान, अपनी बात के धनी, भाषा के अदभुत शिल्पी, अच्छी कविता के विलक्षण पारखी। श्रेष्ठ कवियों की उत्कृष्ट कविताओं के उद्धरण शास्त्री जी के मुख से सुनना एक अनोखे अनुभव से गुज़रना होता है। उनकी वाणी पर माँ शारदा का वरदान है।

मैंने अपने शिष्टाचार के सामान्य नियम निभाने के बाद उनसे आग्रहपूर्वक जानना चाहा कि इतने लम्बे अरसे बाद अचानक यह "कष्ट देने" वाली बात, शास्त्री जी, कैसे पैदा हो गई। प्रयोजन जानने की भरसक कोशिश मैंने की लेकिन विष्णुकान्त जी ने बात का खुलासा न किया, बल्कि जिज्ञासा और बढ़ा दी।

मैं उसी जिज्ञासा और आदर को लेकर अपने पूर्व निश्चित कार्यक्रम को बदल, विष्णुकान्त जी के पास पहुँच गया। विष्णुकान्त जी ने पहुँचते

ही एक ऑडियो कैसेट मेरे हाथ में लाकर रख दिया और कहा :

"इसे आप सुनेंगे और आन्तरिक सुख पाएँगे, ऐसा मेरा विश्वास है। इसीलिए आपको बुलाया। मैं जानता हूँ कि इसमें आपको आनन्द जरूर आएगा।" कैसेट श्री अटल विहारी वाजपेयी की कविताओं का उन्हीं के स्वर में। मैंने गाड़ी में ही कैसेट आन किया और अटल जी को सुनने लगा :

भरी दुपहरी में अँधियारा,
सूरज परछाईं से हारा।
अन्तरतम का नेह निचोड़ें,
बुझी हुई बाती सुलगाएँ,
आओ फिर से दिया जलाएँ।

जिन्होंने उनसे कविताएँ सुनी हैं वे अच्छी तरह जातने हैं कि उनका कविता प्रस्तुत करने का अन्दाज़ इतना प्यारा और प्रभावशाली है कि आप उसमें बहने लगते हैं। वे इस अर्थ में भारत की वाचिक परम्परा के विलक्षण कवि हैं। *'वर्तमान के मोहजाल में, आने वाला कल न भुलाएँ। आओ फिर से दिया जलाएँ'...* उनकी वाणी के ओज में मैं बहने लगा। मुझे याद आने लगे उनके शब्द–"मेरी कविता जंग का ऐलान है, पराजय की प्रस्तावना नहीं। वह हारे हुए सिपाही का नैराश्य-निनाद नहीं है, जूझते योद्धा का जय-संकल्प है। वह निराशा का स्वर नहीं, आत्मविश्वास का जयघोष है।"

अगर आपको इस जयघोष की वास्तविक तरंगों का रणन सुनना है तो उनका वह गीत याद करना पड़ेगा, जिसमें वे टूटे हुए तारों से फूटते हुए वासंती स्वर सुनते हैं, पत्थर की छाती से उगते हुए नए अंकुर देखते हैं और देखते हैं प्राची में अरुणिमा की रेख :

झरे सब पीले पात।
कोयल की कुहुक रात।
प्राची में अरुणिमा की रेख देख पाता हूँ
गीत नया गाता हूँ।

टूटे हुए सपनों की
सुने कौन सिसकी

अन्तर को चीर व्यथा
पलकों पर ठिठकी।
हार नहीं मानूँगा, रार नई ठानूँगा।
काल के कपाल पर
लिखता-मिटाता हूँ
गीत नया गाता हूँ।''

काल के कपाल पर मनचाही इबारत लिखने और मिटाने का संकल्प लेकर चलनेवाले अटलजी में पराजय-बोध की तो कल्पना ही नहीं की जा सकती।

मैं स्वयं ताज्जुब में पड़ गया था जब मैंने पहली बार उनके ये शब्द सुने थे कि 'मेरी कविता जंग का ऐलान है, पराजय की प्रस्तावना नहीं।' मैं समझ नहीं पाया था कि वे पराजय की प्रस्तावना का जिक्र ही क्यों कर रहे हैं। लेकिन इस जिक्र से उनके गद्य का असली रंग जरूर सामने आया : 'वह हारे हुए सिपाही का नैराश्य-निनाद नहीं, जूझते योद्धा का जय-संकल्प है।' अनुप्रास की आभा से मण्डित ललकारते हुए काव्यबिंब। गद्य स्वयं में कविता की तरह ललित ! निथरे हुए जल की प्रवहमान धारा की तरह वेगवान ! मैं मानता हूँ कि राजनीति के विशाल प्रांगण में इतना सुन्दर गद्य लोहिया जी के बाद अटलजी से ही सुना जा सकता है। प्रमाण के लिए मैं लोहिया जी का लिखा हुआ ''कृष्ण'' पर उनका निबन्ध सामने रख कर चलना चाहूँगा तो अटल जी का वह आत्मकथ्य जिसे उनकी पुस्तक 'न दैन्यं न पलायनम्' में डॉ. चन्द्रिकाप्रसाद शर्मा ने सम्मिलित किया है। चन्द वाक्यों से ही बात अपनी पुष्टि पा जाती है :

''राजनीति की राहें रपटीली होती हैं।...

''आज की राजनीति विवेक नहीं, वाक्-चातुर्य चाहती है; संयम नहीं, श्रेय नहीं, प्रेय के पीछे पागल है। मतभेद का समादर करना तो अलग रहा, उसको सहन करने की वृत्ति भी विलुप्त हो रही है।''

भाषा का यह सीधे दिल पर असर करने वाला जादू अटलजी के गद्य में लगातार उपस्थित है। लेकिन आया वह उसी कविता के घर से है, जहाँ अटलजी रहना चाहते थे, रह नहीं सके। वे अध्यापक बनना चाहते थे, नहीं बन पाए। वे लिखने-पढ़ने की दुनिया में अपना जीवन बिताना चाहते थे ''किन्तु कश्मीर की वेदी पर डॉ. श्यामाप्रसाद मुखर्जी के बलिदान

ने मुझे झकझोर दिया तथा राष्ट्रनिर्माण की दिशा में आगे आने के लिए आकुल-व्याकुल किया...और मैं राजनीति की रपटीली राह पर चल पड़ा।''

अध्यापक वे क्यों बनना चाहते थे, उसके पीछे का उनका नज़रिया सुन लीजिए :

''अध्यापक शिक्षा की धुरी होता है। वह बच्चों को आकार देता है। बच्चा कच्ची मिट्टी की तरह होता है, उसे अध्यापक आकृति देता है। वह बच्चे को जैसी आकृति देना चाहे दे सकता है। जैसे कुम्हार मिट्टी से मनचाही आकृति बना लेता है वैसे ही अध्यापक बच्चे को जैसा चाहे बना सकता है। यह अध्यापक का काम है कि वह सोचे कि कालचक्र पर किस तरह की आकृति दे।''

यह अकारण नहीं है कि अटल जी आज भी शिक्षक वर्ग के प्रति गहरे आदर भाव से भरे मिलते हैं। हिन्दी के सुविख्यात कवि डॉ. शिवमंगल सिंह 'सुमन' कभी अटलजी के अध्यापक रहे हैं। अटल जी आज भी सुमन जी को उसी आदर से ग्रहण करते हैं। मैं पहले यह बात सुना ही करता था लेकिन बीसवीं शताब्दी के इस अन्तिम वर्ष में इसे प्रत्यक्ष देख भी लिया। सन् 1999 की जनवरी में मुझे 'पद्मश्री' के राष्ट्रीय सम्मान से अलंकृत किया गया था और मेरे साथ ही सुमन जी को मिल रहा था 'पद्मभूषण'। सम्मान समारोह परम्परानुसार राष्ट्रपति भवन के अशोक हाल में आयोजित था। अलंकृत किए जानेवाले लोगों के साथ ही विशिष्ट दर्शकवृन्द की प्रथम पंक्ति में उपस्थित थे पूर्व प्रधानमन्त्री इन्द्रकुमार गुजराल, श्रीमती शीला गुजराल, श्रीमती सोनिया गाँधी, गृहमन्त्री लालकृष्ण आडवाणी, उपराष्ट्रपति कृष्णकान्त, प्रधानमन्त्री के रूप में श्री अटल विहारी वाजपेयी तथा अन्य अनेक विशिष्ट जन। आने पर गृहमन्त्री जी भी अलंकृत होने वाले अपने परिचित लोगों से मिलने आए और प्रधानमन्त्री जी भी। सुमन जी मेरे ठीक आगे की कुर्सी पर विराजमान थे। अटलजी ने भीमसेन जोशी, लता मंगेशकर, जस्टिस अय्यर, सतीश गुजराल आदि से मिलते हुए ज्यों ही आगे नज़र दौड़ाई तो उनकी नज़र सुमन जी पर पड़ गयी। अटलजी क्रम को भूल, हाथ जोड़कर अभिवादन करते हुए पहले सुमन जी से मिले, उनकी कुशलक्षेम पूछी और तब अन्य लोगों से मुलाकात की। अपने गुरुवर के प्रति उनका आन्तरिक आदर-भाव उनकी आँखों में सहज उतरा हुआ देखा जा सकता था। उन्होंने कहीं स्वीकार भी किया है कि ''मुझे शिक्षकों का मान-सम्मान करने में गर्व की अनुभूति होती है।''

वे मानते हैं कि शिक्षक सिर्फ शिक्षा ही नहीं देता, संस्कार भी देता है। संस्कार के बिना शिक्षा सारहीन है। अपूर्ण है, अधूरी है। लखनऊ में, जहाँ से वे चुनकर संसद में आते हैं, एक बार एक विद्यालय के प्रांगण में उन्हें ले जाया गया तो उनका अंतर्मन अपनी सारी ऊर्जा के साथ काव्यमय भाषा में बोला : "विद्यालय एक पावन मन्दिर होता है, एक अनुष्ठान का स्थान होता है, वह केवल सर्टिफिकेट बाँटने का कारखाना नही होता। विद्यालय संस्कार देता है। जिस विद्यालय में संस्कार नहीं दिए जाते, वहाँ शिक्षा नहीं दी जाती। संस्कार के बिना शिक्षा अधूरी है, केवल सूचनाओं का भण्डार व्यर्थ है। हमें शिक्षित नहीं, सुशिक्षित नागरिक चाहिए, जिनमें उत्तम संस्कार हों।"

देश में उत्तम संस्कारों को पनपते देखने की ललक वाले अटल जी जब इसके विपरीत जीवन-व्यापार का चारों तरफ़ बोलबाला देखते हैं तो राजनेता के रूप में देश को ललकारते हैं, चेतावनी देते हैं, मगर मन के अँधियारे कोने में दुबका हुआ अपना सत्य भी सामने रखते हैं :

हानि-लाभ के पलड़ों में
तुलता जीवन व्यापार हो गया।
मोल लगा बिकने वाले का
बिना बिका बेकार हो गया।
पहरा कोई काम न आया
रसघट रीत चला !
जीवन बीत चला।

विडम्बनाओं में वीतते हुए जीवन के अपने हर वर्ष पर अटलजी ने सिंहावलोकन किया है। अपने जन्मदिनों पर तो उन्होंने अनेक कविताएँ लिखी हैं। उनमें से एक कविता का जिक्र मैं करना चाहूँगा जो उन्होंने आपातकाल के दौरान पचास वर्ष पूरे होने पर लिखी थी।

कविता है :

जीवन की ढलने लगी साँझ
बदले हैं अर्थ
शब्द हुए व्यर्थ

शान्ति बिना खुशियाँ हैं बाँझ
जीवन की ढलने लगी साँझ

कम शब्दों का शिल्प विधान, मिताक्षरी छन्द।

यों भी आपात्काल में ज्यादा कुछ कहने की मनाही थी, उसका भी सांकेतिक इस्तेमाल छन्द में।

मिताक्षरी छन्द अटलजी को खासा प्रिय लगता है और उसका उपयोग वे प्रायः करते पाए जाते हैं :

बेनकाब चेहरे हैं
दाग़ बड़े गहरे हैं,
टूटता तिलस्म आज
सच में भय खाता हूँ,
लगी कुछ ऐसी नज़र
बिखरा शीशे-सा शहर
अपनों के मेले में मीत नहीं पाता हूँ।

कभी-कभी तुकों के लिए वे ऐसे शब्द का सामंजस्य बैठाते हैं जो कविता के बारीक़ पारखियों को करकता लग सकता है जैसे कि *"टूटे हुए सपनों की सुने कौन सिसकी ? अन्तर को चीर व्यथा पलकों पर ठिठकी।"* सिसकी के साथ ठिठकी सुनकर मन थोड़ा ठिठकता है लेकिन उसी छन्द में जब वे कहते है : *"हार नहीं मानूँगा, रार नई ठानूँगा/काल के कपाल पर लिखता-मिटाता हूँ"* तो सारी ठिठक काल के विराट फलक पर फैल कर एक नए अर्थ-गाम्भीर्य में विलीन हो जाती है। वे अपने अर्थ के साथ आपको बहा ले जाते हैं। अक्सर मुझे अटल जी के सन्दर्भ में अपने कवि मित्र स्व. रामावतार त्यागी की पंक्तियाँ याद आती रहती हैं कि

न इतने आम ही समझो कि जितने आम लगते हैं
न इतने खास ही मानो कि जितने खास दिखते हैं,
हमें हस्ताक्षर करना न आया चेकों पर माना,
बड़ी कारीगरी से हम दिलों पर नाम लिखते हैं।

अटल जी की पंक्तियाँ बड़ी कारीगरी से श्रोता के दिल पर नाम लिखती

हैं। यह अकारण नहीं है कि उनके काव्य संग्रह "मेरी इक्यावन कविताएँ" का चार साल के अन्दर दसवाँ संस्करण प्रकाशित किया गया है।

अटलजी का मानना है कि उनकी कविता को जेल यात्राओं ने काफी कुछ जिन्दा रखा है। ज़ाहिर है, वहाँ उन्हें सोचने, चिन्तन-मनन करने का समय अधिक मिलता रहा है। उन्होंने उन जेल यात्राओं का सघन रचनात्मक उपयोग किया। कभी उन स्थितियों पर चुटकी भी ली :

धरे गए बंगलौर में
अडवानी के संग
दिनभर थाने में रहे
हो गयी हुलिया तंग
हो गयी हुलिया तंग
श्याम बाबू भन्नाए
प्रातः पकड़े गए
न अब तक जेल पठाए ?
कह कैदी कविराय,
पुराने मन्त्री ठहरे,
हम तट पर ही रहे,
मिश्र जी उतरे गहरे।

और कभी कारागार से ललकार लगायी :

टूट सकते हैं, मगर हम झुक नहीं सकते,
सत्य का संघर्ष सत्ता से
न्याय लड़ता निरंकुशता से
अँधेरे ने दी चुनौती है
किरण अन्तिम अस्त होती है।

दीप निष्ठा का लिए निष्कम्प
वज्र टूटे या उठे भूकम्प
यह बराबर का नहीं है युद्ध
हम निहत्थे, शत्रु है सन्नद्ध

हर तरह के शस्त्र से है सज्ज
और पशुबल हो उठा निर्लज्ज

किन्तु फिर भी जूझने का प्रण
पुनः अंगद ने बढ़ाया चरण
प्राणपण से करेंगे प्रतिकार
समर्पण की माँग अस्वीकार
दाँव पर सब कुछ लगा है, रुक नहीं सकते
टूट सकते हैं, मगर हम झुक नहीं सकते।

सन् 1975 में आपातकाल के दौरान जेल में लिखी हुई यह कविता जेल यात्रा के दौरान भी उनके संकल्पों का सही खाका पेश कर देती है।

उनकी जेल यात्राओं के सन्दर्भ से हम यह न भूलें कि उन्होंने यात्राओं में ही अपना काफी कुछ समय बिताया है। देश का ही नहीं, विश्व का कोना-कोना उन्होंने छाना है, और छाना है असली यायावर की तरह। डॉ. चन्द्रिकाप्रसाद शर्मा ने उन्हें ''यात्रालोलुप'' कहा है। मैं उनकी यात्राओं को उनके जीवन की अनिवार्यता मानता रहा हूँ। वे 1957 के आम चुनाव में गोंडा जिले के बलरामपुर क्षेत्र से पहली बार सांसद हुए थे और तब से लगातार राष्ट्रीय और अन्तर्राष्ट्रीय राजनीति के दाँवपेंच उन्हें कभी संसदीय प्रतिनिधि-मण्डलों के माध्यम से, कभी सरकारी कामकाज से, कभी निजी आमन्त्रणों के कारण विश्व भर में उन्हें फिरकी जैसे घुमाते रहे हैं। नामों की फेहरिस्त बनाना व्यर्थ है। अंग्रेजी वर्णमाला के ए से लेकर ज़ेड तक अमरीका, अफगानिस्तान, आस्ट्रेलिया और आस्ट्रिया से लेकर ज़ाँबिया और ज़िम्बाब्वे तक दुनिया के किसी भी देश का नाम शायद ही ढूँढ़े मिले जहाँ अटल जी नहीं जा चुके। असल में इतने लम्बे कर्मशील राजनीतिक जीवन में, दो दो बार प्रधानमन्त्री पद पर रह चुकने और जनता पार्टी के समय देश के विदेशमन्त्री के रूप में विदेश नीति के नये आयाम तलाशने का जो दायित्व उन्होंने निभाया है, उसमें देशों का नाम गिनना या गिनाना व्यर्थ का व्यायाम करना है। इतना काफी है कि संसार के इतने अधिक देशों की यात्रा करने वाला दूसरा कोई व्यक्ति शायद ही देश में मिले। पण्डित जवाहरलाल नेहरू से लेकर अटल जी तक नज़र दौड़ाइए तो इस श्रेणी के लिए ''चन्द तस्वीरे बुताँ'' के अलावा कोई ढूँढ़े ही नहीं मिलेगा।

श्रीमती इन्दिरा गाँधी और राजीव गाँधी के बाद श्री नरसिंह राव और श्री इन्द्र कुमार गुजराल से होते हुए नज़र अटल जी पर ही आकर अटकती है। इतने व्यापक अनुभवों की सम्पदा ने उनके सोच की दुनिया को सँवारा है और उस सोच को उन्होंने अपनी कविता में उतारा है। कुछ कविताएँ तो उन्होंने विदेशी धरती पर ही लिखी हैं जिनमें से एक कविता ''मौत से ठन गयी'' तो खासी चर्चा में भी रही है।

यह कविता ''धर्मयुग'' साप्ताहिक में प्रकाशित हुई थी। हुआ यों था कि दिल्ली में उनके गुर्दे का आपरेशन हो चुका था। तभी एक संसदीय प्रतिनिधि-मण्डल में उन्हें कनाडा जाना पड़ा। कनाडा से लौटते हुए यह तय किया गया कि अमरीका में विशेषज्ञ डाक्टरों को दिखा लिया जाए। जाँच कराई गई। जो रिपोर्ट आई वह उत्साहजनक नहीं, चिन्ताजनक थी। जहाँ आपरेशन हुआ था, वहाँ कुछ नई व्याधि अपना अड्डा जमा रही थी। चिन्ता स्वाभाविक थी कि आपरेशन के बाद प्रायः किसी परेशानी की सम्भावना नहीं रहती, लेकिन अपवाद की ज़द में अटल जी आते दिख रहे थे। गहन जाँच के लिए दूसरे दिन स्कैन का फैसला लिया गया। लेकिन रात बेचैनी से कटी। उन्होंने लिखा है कि ''उस रात मैं सो नहीं सका। एक आशंका मन को उद्वेलित करती रही। मैं कागज़ और कलम लेकर बैठ गया। भावों के अंधड़ को मैंने शब्दों में बाँधने की कोशिश की। उसे प्रकाशन के लिए नहीं भेजा क्योंकि दूसरे दिन डाक्टरों ने मुझे क्लीन चिट दे दी। उसे सिर्फ एक बार ग्वालियर में पढ़ा था।''

कुछ समय बाद अटलजी की तबियत दुबारा बिगड़ने लगी। थकान बढ़ने लगी, वज़न घटने लगा। न्यूयार्क जाकर दिखाने का विचार हुआ। संयोग कि एक प्रतिनिधि-मण्डल में फिर उन्हें सम्मिलित किया गया। काम आसान हो गया। भारतीय मिशन की प्रबन्ध-क्षमता ने उसे और आसान बना दिया। जाँच-पड़ताल सघन हुई और डाक्टर इस नतीजे पर पहुँचे कि एक आपरेशन और करना पड़ेगा। अटलजी के शब्दों में ''वही न्यूयार्क की नगरी, वही दिन की रोशनी में जगमग अँधेरी रात, वही अकेलापन, वही सन्नाटा। मैंने डायरी खोज कर पुरानी कविता पढ़ी, उसमें कुछ संशोधन किया, उसे कागज़ पर उतारा और 'धर्मयुग' को भेज दी...कविता के साथ कंकाल जैसी रेखाकृति, दो तरफ काला बार्डर, सम्पादक जी की टीप, गम्भीर रूप से अस्वस्थ होने की सूचना, मेरे पत्र का हवाला। लोग दो व्यक्तियों की लड़ाई देखने के लिए ठिठक जाते हैं, यहाँ तो जिन्दगी

और मौत में ठन गयी थी। सेन्ट्रल हाल में मेरी कविता की चर्चा चल पड़ी। बात शुरू हुई मेरी तबीयत से और पहुँच गयी मेरी कविता तक। श्री सीताराम केसरी ने रचना की बड़ी तारीफ़ की। केसरी जी और कविता ! लेकिन उस दिन मैं उनके काव्यप्रेम का क़ायल हो गया। और लोग भी प्रभावित हुए। श्याम बाबू (श्री श्यामनन्दन मिश्र) बोले : "अरे भई, 'धर्मयुग' लाओ, देखा जाए क्या लिखा है। 'धर्मयुग' आया। कविता के लिए पन्ने पलटे जाने लगे। लोग और सिमट आए। मैंने कहा, 'लाइए, मैं सुना देता हूँ।' संसद के सेन्ट्रल हाल में मैंने पहली बार और शायद अन्तिम बार कविता पाठ किया।"

और अब कविता पर हुई चर्चा। फिर उनकी टिप्पणी : "कविता पहले भी पढ़ी जा चुकी थी, किन्तु उसका प्रकाशन पहली बार हुआ था। जब मैंने उसे पढ़ा तो कोई खिन्न नहीं हुआ। किसी ने ऐतराज़ नहीं किया। शायद इसका कारण यह था कि मैं भला-चंगा था। मेरे मुँह से मौत की बात सुनकर भी उन्हें यह नहीं लगा कि यह सचमुच जिन्दगी और मौत का सवाल है। वे कविता को कल्पना की देन ही समझते रहे। किन्तु 'धर्मयुग' में जिस रूप में यह कविता छपी, उससे पढ़नेवाले उद्विग्न हो उठे। उन्हें लगा कि मैं मरणासन्न हूँ। मेरी कविता जिन्दगी का दस्तावेज़ नहीं, मौत का घोषणापत्र है।

"मैंने कविता क्यों लिखी ? लिखी तो लिखी, उसे छपने के लिए क्यों भेजा ? उसके साथ ऐसा पत्र क्यों लिखा ?"

इसके बाद अटलजी ने जिस धार और तेवर से इसका जवाब दिया है, उसी में दिखता है असली अटल विहारी वाजपेयी। हल्का-सा विनोद अन्त में बात को एक नए प्रस्थान-बिन्दु पर पहुँचा कर छोड़ देता है। वे कहते हैं, "ऐसे मित्रों को मैं क्या कहूँ जो मौत का नाम सुनते ही मुरझा जाते हैं। उनके साथ मेरी सहानुभूति है, किन्तु मैं मौत से भयभीत नहीं हूँ। जो ध्रुव है उससे भय कैसा ? वैसे भी मैंने मौत को निकट से देखा है। कल यदि काल आकर मेरे द्वार पर दस्तक दे तो मैं उसी क्षण उसके साथ चल खड़ा हूँगा। एक बार भी मुड़कर नहीं देखूँगा। किन्तु यदि मृत्यु मेरे साथ खेल करेगी, जैसा बिल्ली चूहे के साथ करती है, तो मैं उससे लडूँगा। आखिरी दम तक दो-दो हाथ करूँगा।

"यदि मेरी कविता ने कुछ मित्रों को कचोटा और कष्ट पहुँचाया है तो मैं उनसे क्षमा माँगता हूँ। मुझे लगता है कि उसका प्रकाशन समय के

पूर्व हो गया। उसे लिखकर या तो मुझे मर जाना चाहिए था या मेरे मरने के बाद्र उसका प्रकाशन होना चाहिए था। अगली बार मैं इसका ध्यान रखूँगा।''

व्यर्थ के अभिप्रायों से तनी हुई प्रत्यंचाओं को अटल जी ऐसे ही विनोद की धार में बहाकर छोड़ते या ढीला करते हैं। जिस बिन्दु पर छोड़ते हैं, वह पराजय से नहीं, जूझते योद्धा के जय-संकल्प से जुड़ा हुआ होता है। स्वानुभव के आधार पर कहना चाहूँगा कि वे न केवल मौत को ललकारते हैं, बल्कि दूसरों को ललकारने की प्रेरणा भी देते हैं। मेरे साथ पिछली मुलाक़ात में जब उन्हें पता चला कि मेरे गुर्दों की तीन चौथाई ज़िन्दगी बेकार हो चुकी है, तो उन्हें आश्चर्य भी हुआ और अफसोस भी। लेकिन उस अफसोस को एक परितोष मिला यह देखकर, कि मेरे मनोभाव में इसकी कोई प्रतिच्छाया नहीं थी। अपना उदाहरण देकर उन्होंने मुझे जो आश्वस्ति दी, वह सच में उस अफसोस में एक नई जंग का ऐलान था और गुर्दों की खराबी से लड़कर उबरने के गुर थे जिन्हें वे अपनी आन्तरिक ऊष्मा से भिगोकर मुझे थमा रहे थे। उनकी ''मौत से ठन गई'' कविता की पंक्तियाँ हैं :

मौत की उम्र क्या ? दो पल भी नहीं,
जिन्दगी सिलसिला, आज-कल की नहीं

तू दबे पाँव, चोरी छिपे से न आ
सामने वार कर फिर मुझे आज़मा
मौत से बेख़बर जिन्दगी का सफर
शाम हर सुरमई, रात बंसी का स्वर

हर चुनौती से दो हाथ मैंने किए
आँधियों में जलाए हैं बुझते दिये,
आज झकझोरता तेज़ तूफान है
नाव भँवरों की बाँहों में मेहमान है,
पार पाने का क़ायम मगर हौसला

देख तूफ़ाँ का तेवर
तरी तन गई
मौत से ठन गई।

जो इन्सान मौत से ठनाठनी के क्षणों में अपनी उसी कविता में ललकार कर कह रहा हो कि मैंने आँधियों में दिये जलाए हैं और हर चुनौती से दो-दो हाथ किए हैं, इसलिए अगर आज नाव भँवर की बाँहों की मेहमान है तो क्या हुआ, पार पाने का हौसला कम नहीं हुआ, वह बराबर कायम है, तो इसमें लोगों को पराजय-बोध की छाया कहाँ से मिल गई ! और सारी दुनिया के तजुर्बे गवाह हैं कि अगर तूफान का तेवर देखकर तरी का तेवर भी तन जाए तो तूफ़ान को ठिठक कर सोचने के लिए मजबूर होना पड़ता है। उनकी अनेक कविताएँ इस स्वर को मुखरित करती हैं। मृत्यु के भय से मुक्त होने की चर्चा उन्होंने तब भी की थी जब तेरह दिन के प्रधानमन्त्रित्व के बाद उनको बहुमत के अभाव में इस्तीफा देना पड़ा था। सच पूछिए तो संसद में उनका वह भाषण उनके मन का निर्मल आईना था। मैं जब भी किसी राजनीतिक गन्दगी के छींटे उन तक आते देखता हूँ तो उनका वह भाषण याद करने लगता हूँ : ''न भीतो मरणादस्मि, केवलम् दूषितो यशः''—भगवान राम ने कहा था कि मैं मृत्यु से नहीं डरता, डरता हूँ तो केवल यश के दूषित होने से, लोकापवाद से, बदनामी से डरता हूँ।

''अध्यक्ष महोदय, चालीस साल का मेरा राजनीतिक जीवन खुली किताब है। जब मैं राजनीति में आया था, मैंने कभी सोचा भी नहीं था कि मैं एम.पी. बनूँगा। मैं पत्रकार था, और जिस तरह की राजनीति चल रही है, वह मुझे रास नहीं आती। मैं उसे छोड़ना चाहता हूँ, मगर राजनीति मुझे नहीं छोड़ती है। फिर मैं विरोधी दल का नेता हुआ, आज प्रधानमन्त्री हूँ, थोड़ी देर बाद प्रधानमन्त्री भी नहीं रहूँगा। प्रधानमन्त्री बनते समय मेरा हृदय आनन्द से उछलने लगा हो, ऐसा नहीं हुआ। अब जब मैं सब कुछ छोड़छाड़ कर चला जाऊँगा, तब भी मेरे मन में किसी तरह की ग्लानि होगी, ऐसा होने वाला नहीं है।

''हम अपने देश की सेवा के कार्य में जुटे रहेंगे। हम संख्या बल के सामने सिर झुकाते हैं और आपको विश्वास दिलाते हैं कि जो कार्य हमने अपने हाथ में लिया है, वह राष्ट्रीय उद्देश्य जब तक पूरा नहीं कर लेंगे, तब तक आराम से नहीं बैठेंगे, विश्राम नहीं लेंगे।

''अध्यक्ष महोदय, मैं अपना त्यागपत्र राष्ट्रपति महोदय को देने जा रहा हूँ।''

संसद में दिया गया उनका यह वक्तव्य उनके आन्तरिक मन को समझने के लिए एक बहुत बड़ा आधार है जिसमें "लाभालाभौ, जयाजयौ" में समरसता का गीता-तत्व-चिन्तन भी समाया हुआ है, "न दैन्यं न पलायनम्" भी है... उसमें न यह दीनता है कि प्रधानमन्त्रित्व गया तो लुट जाऊँगा, और न पलायन कि फिर देश सेवा कैसे करूँगा, नहीं कर पाऊँगा। परंतु उसमें कर्तव्य से पलायन किसी शर्त पर नहीं है।

उन्होंने अपना यह राजनीतिक कर्तव्य किस तरह निभाया और जिस देश सेवा के कार्य को हाथ में लिया था, उसका निर्वाह कर पाने में वे कितने सफल रहे, यह मेरे इस आलेख का विषय नहीं है। गो कि उसके आरोह-अवरोह कम दिलचस्प नहीं हैं, शुरुआत ही इतनी शानदार है कि पण्डित जवाहरलाल नेहरू तक उसे रेखांकित करने से नहीं चूके। यह उन दिनों की बात है जब नेहरू जी के मन्त्रिमण्डल में मौलाना अबुलकलाम आज़ाद, गोविन्दबल्लभ पन्त, मोरारजी देसाई और बाबू जगजीवन राम तथा कृष्ण मेनन जैसे लोग शामिल थे। प्रतिपक्ष में आचार्य कृपलानी, श्रीपाद अमृत डांगे, नारायण गणेश गोरे, प्रोफेसर हीरेन मुखर्जी तथा मीनू मसानी जैसे कुशल सांसद बैठते थे। श्रीमती विजया राजे सिन्धिया भी उन दिनों कांग्रेस में थीं। श्रीमती सुचेता कृपलानी, कु. पार्वतीकृष्णन तथा श्रीमती तारकेश्वरी सिन्हा सदन में सक्रिय सदस्य के रूप में दिखाई देती थीं और चर्चाओं में महत्त्वपूर्ण योगदान करती थीं। उन दिनों अटल जी जन संघ के अग्रणियों में गिने जा सकने वाले चार सदस्यों में से एक थे। विधानसभा तक का कोई विधायी अनुभव नहीं था और न उनके दल का कोई अनुभवी सदस्य ही सहायता के लिए उपलब्ध था। उस समय एक नए, अनुभवहीन नौजवान द्वारा सदन का ध्यान अपनी ओर खींच लेना और उस पर प्रधानमन्त्री नेहरू का टिप्पणी करना अटल जी की सांसदिक कार्यविधि पर एक मंगल तिलक की तरह था। नेहरू जी ने कहा था : "कल जो बहुत से भाषण हुए, उसमें एक भाषण श्री वाजपेयी जी का भी हुआ था। अपने भाषण में उन्होंने एक बात कही थी और यह कहा था मेरे ख्याल में कि जो हमारी वैदेशिक नीति है, वह उनकी राय में सही है। मैं उनका मशकूर हूँ कि उन्होंने यह बात कही। लेकिन एक बात उन्होंने और भी कही और कहा कि 'बोलने के लिए वाणी होनी चाहिए, लेकिन चुप रहने के लिए वाणी और विवेक दोनों चाहिए।' "

अटलजी के वास्तविक वक्तव्य का अंश मैं जुटा नहीं पाया जिससे कि जान सकता कि नेहरू जी जैसे व्यक्ति को वाजपेयी जी के कथन के सामने सफ़ाई क्यों देनी पड़ी थी। लेकिन अटल जी के धारदार गद्य की बानगी देखने के लिए नेहरू जी के भाषण में शामिल उनका वाक्यांश काफी है कि "बोलने के लिए बाणी चाहिए लेकिन चुप रहने के लिए वाणी और विवेक दोनों चाहिए।" और नेहरू जी को इसकी सफ़ाई में कहना पड़ा कि "इस बात से मैं पूरी तरह सहमत हूँ लेकिन दूसरी महफ़िलों में यह बात चल सकती है और ख़ाली दुनिया की महफ़िलों में यह नहीं चल सकती। कम से कम जहाँ तक हमारी विदेश नीति का सम्बन्ध है, कभी-कभी हम जोश में आ सकते हैं और कभी-कभी धोखा भी हो सकता है। लेकिन मेरी इच्छा यही रही है कि हम कम से कम बोलें, कम से कम दख़ल दें। लेकिन मुश्किल यही है कि जब हम नहीं बोलते तो और साहिबान कहते हैं कि तुम तो ठण्डे हो गए हो, तुम डर गए हो।"

विधि का विधान देखिए कि जिन अटलजी ने राजनीति में विदेश नीति को अपना प्रिय विषय बनाया, उसी विभाग की रहनुमाई उन्हें जनता पार्टी के शासन काल में मोरारजी देसाई के प्रधानमन्त्रित्व में सौंपी गयी। उस दौरान बोलने और चुप रहने का एक मिला-जुला चुहल भरा क्षण मोरारजी भाई की रूस यात्रा के दौरान मेरे सामने आया और अटलजी ने नेहरू जी के आत्मस्वीकृतिवादी कथन की व्यावहारिक पुष्टि-सी कर दी।

हुआ यों कि जब मोरारजी भाई प्रधानमन्त्री बने तो उनकी पहली विदेश यात्रा की शुरुआत भारत की पारम्परिक दोस्ती का इज़हार करने के लिए सोवियत संघ से की गई। मैं उनकी यात्रा के एक सप्ताह पहले से ही अपनी निजी सोवियत यात्रा पर था। लेकिन प्रधानमन्त्री के साथ सोवियत संघ में उनकी यात्रा में रह सकूँ, यह इच्छा मैंने अटलजी से नई दिल्ली में ही व्यक्त कर दी थी। मास्को में तो सम्भव नहीं हो सका लेकिन अटलजी ने लेनिनग्राद (अब पीटर्सबर्ग) में प्रधानमन्त्री के साथ गए पत्रकार दल में मुझे सम्मिलित करा दिया। उस दिन सुबह सोवियत संघ का एक दिलचस्प लेकिन दर्दनाक समाचार पढ़ने में आया—कि वहाँ भेड़ियों ने उत्पात मचा रखा है।

जब लेनिनग्राद के विश्वविख्यात संग्रहालय 'हर्मिताज' को हम सब प्रधानमन्त्री के साथ देखने गए तो प्रधानमन्त्री के साथ रूसी प्रधानमन्त्री

का लावलश्कर चल रहा था। हम कुछ मुँहलगे पत्रकारों ने अटलजी के साथ पीछे चलते हुए यात्रा के कुछ दिलचस्प टुकड़ों का आनन्द लेना शुरू कर दिया। अटलजी मूड में हों तो चुटकी लेते हुए भी आनन्द देते हैं और चुटकी का जवाब देते हुए भी। आपको याद होगा प्रधानमन्त्री नरसिंह राव ने एक समारोह में अटलजी को मित्रता की मीठी चुटकी के तहत अपना ''गुरु'' कह दिया। अटलजी उस समय संसद में विरोधी पक्ष के नेता थे, सभागार ठहाकों से गूँज उठा, उसमें अटलजी का ठहाका भी सम्मिलित था। जब बोलने आए अटलजी, तो बोले : ''कुछ लोग गुरु होते हैं, लेकिन कुछ लोग गुरुघंटाल होते हैं!'' इस बार सभागार के ठहाके छतफाड़ थे।

लेनिनग्राद में भी अटलजी आनन्दमयी मुद्रा में ही थे कि मैंने उन्हें सुबह की भेड़ियों वाली ख़बर की याद दिलाई जिसको लेकर सोवियत प्रशासन में काफी बेचैनी व्यक्त की गई थी। मेरे मन पर किसी राजनयिक संयम की बन्दिश का यूँ भी सवाल नहीं था, इसलिए मेरी टिप्पणी भेड़ियों के राजनीतिक परिवेश में अतिक्रमण की ध्वनि सी देने लगी। मैंने कहा न कि अटलजी आनन्दमयी मुद्रा में थे, आनन्दमयी मुद्रा में ही रहे लेकिन वैदेशिक नीति में चुप रहने के लिए वाणी और विवेक दोनों का समन्वय करते हुए वे हमें भी सम्भाल ले गए। विनोद के ऐसे तमाम अनुभव उनकी कुण्डलियों में विद्यमान हैं। विश्व हिन्दी सम्मेलन, मारीशस की राजधानी पोर्ट लुई में हुआ था। वहाँ हिन्दी का हर नामधारी व्यक्तित्व उपस्थित था। पण्डित श्रीनारायण चतुर्वेदी (भइयाजी), अमृतलाल नागर, भगवतीचरण वर्मा, रेल राज भाषा के तत्कालीन निदेशक एवं प्रखर हिन्दी पक्षधर पण्डित शिवसागर मिश्र, डॉ. भारती, कमलेश्वर, मैं स्वयं, डॉ. कर्ण सिंह, गंगा बाबू (बाबू गंगाशरण सिंह) और स्वयं अटल जी, पूरा हिन्दी संसार मारीशस में जुटा पड़ा था। अब वहाँ के माहौल पर अटल जी उर्फ कैदी कविराय की कुण्डलियाँ सुनिए :

पोर्ट लुई के घाट पर
नव पण्डों की भीड़।
रोली अक्षत नारियल
सुरसरिता का नीर।
सुरसरिता का नीर

लगाकर चन्दन घिस्सा
भैयाजी ने औरों
का भी हड़पा हिस्सा।
कह क़ैदी कविराय
जयतु जय शिवसागर जी
जय भगवती जागरण
निरावरण जय नागर जी।

हिन्दीदाँ हुलसे फिरैं
मार लिया ज्यों तीर
मारीशस की भीड़ पर
छिड़का गंगा नीर
छिड़का गंगा नीर
साथ में अक्षत रोली
चन्दन घिसती रही
मुफ्त का, पंडा टोली।
कह क़ैदी कविराय
विश्व भाषा का सपना
पूरा होगा सिर्फ
मन्त्र हिन्दी का जपना।

उन्हें दुख है कि जिस हिन्दी को हम विश्व भाषा का दर्जा दिलाने के लिए संसार में माहौल बनाने की कोशिश करते रहते हैं, वही हिन्दी अपने घर हिन्दुस्तान में दासी बनी बैठी है और सिंहासन पर अंग्रेजी ने कब्जा जमा रखा है। यही दुख उन्हें कचोट रहा था जब वे विदेश मन्त्री के रूप में राष्ट्रसंघ के अधिवेशन को सम्बोधित करने गए। उन्होंने इतिहास बनाया और 4 अक्तूबर 1977 को राष्ट्रसंघ के मंच से हिन्द की आवाज़ हिन्दी में सुनाई और बाद में कुण्डलियाँ लिखीं :

गूँजी हिन्दी विश्व में
स्वप्न हुआ साकार
राष्ट्रसंघ के मंच से

हिन्दी का जयकार।
हिन्दी का जयकार
हिन्द हिन्दी में बोला
देख स्वभाषा प्रेम
विश्व अचरज से डोला।
कह क़ैदी कविराय
मेम की माया टूटी
भारत माता धन्य
स्नेह की सरिता फूटी।

असल में अटलजी ने व्यंग्य और हास्य की छटा अपनी कुण्डलियों में ज्यादा बिखेरी है, अपने वैयक्तिक चिन्तन की उदात्तता उन्होंने गीतों और छंदमुक्त कविताओं में बुनी है। अटल जी का साहित्यिक मन उन्हीं रचनाओं में पढ़ा जा सकता है :

कौरव कौन
कौन पाण्डव
टेढ़ा सवाल है।
दोनों ओर शकुनि का फैला
कूट जाल है।

धर्मराज ने छोड़ी नहीं
जुए की लत है
हर पंचायत में
पांचाली
अपमानित है।

बिना कृष्ण के
आज
महाभारत होना है
कोई राजा बने
रंक को तो रोना है।

समूची कविता महाभारत के सन्दर्भों के साथ आज के भारत की सामाजिक, सांस्कृतिक और राजनैतिक... हर तरह की क़लई खोलती हुई दिखती है। पूरे समाज को आईना दिखाती है और अपनी पूरी ईमानदारी के साथ यह काम करती है। राजनीति में रह कर इतनी ईमानदारी से अपना मन सामने रख पाना आसान नहीं होता लेकिन अटल जी ने अपने कवि के प्रति ईमानदार रहने की पूरी कोशिश की है। उनके शब्द हैं :

"अपने कवि के प्रति ईमानदार रहने के लिए मुझे काफी कीमत चुकानी पड़ी है, किन्तु कवि और राजनीतिक कार्यकर्ता के बीच मेल बिठाने का मैं निरन्तर प्रयास करता रहा हूँ।"

यह प्रयास कई बार इतना भारी पड़ जाता है कि ऐसा करने वाले को कहीं का नहीं छोड़ता। मगर अटलजी ने दोनों के बीच सेतु बनाकर दोनों की आवाजाही में कोई व्यवधान नहीं आने दिया। इस आवाजाही के संकट और संघर्ष से वे पूरी तरह वाक़िफ़ हैं। कहते हैं, "सच्चाई यह है कि कविता और राजनीति साथ-साथ नहीं चल सकतीं। ऐसी राजनीति जिसमें प्रायः प्रतिदिन भाषण देना ज़रूरी है और भाषण भी ऐसा जो श्रोताओं को प्रभावित कर सके, तो फिर कविता की एकान्त साधना के लिए समय और वातावरण कहाँ मिल पाता है ! मैंने जो थोड़ी कविताएँ लिखी हैं वे परिस्थिति-सापेक्ष हैं और आसपास की दुनिया को प्रतिबिम्बित करती हैं।...कुछ मित्र कहते हैं कि यदि मैं राजनीति में न आता तो चोटी का कवि होता। चोटी-एड़ी की बात मैं नहीं जानता, किन्तु इतना अवश्य है कि राजनीति ने मेरी काव्य रसधारा को अवरुद्ध किया है।"

राजनीति ने उनकी काव्य रसधारा को भले अवरुद्ध किया हो लेकिन काव्य ने उनकी राजनीति को बड़ी गहरी संवदेना से सँवारा है। दोनों के समन्वय को देखने- परखने की उनकी दृष्टि बिल्कुल साफ़ है : "मेरे भाषणों में मेरा लेखक ही बोलता है, पर ऐसा नहीं है कि राजनेता मौन रहता है। राजनेता अपने विचार लेखक के समक्ष परोसता है और लेखक पुनः विचारों को, अभ्यास के कारण पैनी अभिव्यक्ति देने का प्रयास करता है। मैं तो मानता हूँ कि मेरे लेखक और राजनेता का परस्पर समन्वय ही मेरे भाषणों में उतरता है। यह जरूर है कि राजनेता ने लेखक से बहुत कुछ पाया है।

मेरा लेखक मेरे राजनेता को वाक्-संयम की मर्यादा का उल्लंघन नहीं करने देता। उसकी चौकस वर्जना के कारण ही राजनेता सदैव भाषा-संयम का ध्यान रखता है। राजनेता अपने भाषण में लेखकीय अनुशासन में बँध कर चलता है।''

इतना ही नहीं, वे साहित्य को अधिनायकवादियों तक पर अंकुश का एक कारगर ज़रिया मानते हैं। उनकी पुस्तक 'मेरी इक्यावन कविताएँ' के सम्पादक डॉ. चन्द्रिकाप्रसाद शर्मा ने उनसे सीधा सवाल किया कि ''साहित्यकार को राजनीति से कितना सरोकार रखना चाहिए ?'' तो उन्होंने कहा : ''साहित्य और राजनीति के कोई अलग-अलग खाने नहीं हैं।... जब कोई साहित्यकार राजनीति करेगा तो वह अधिक परिष्कृत होगी। यदि राजनेता की भूमि साहित्यिक है तो वह मानवीय संवदेनाओं को नकार नहीं सकता। कहीं कोई कवि यदि डिक्टेटर बन जाए तो वह निर्दोषों के खून से अपने हाथ नहीं रँगेगा। तानाशाहों में क्रूरता इसीलिए आती है कि वे संवेदनाहीन हो जाते हैं। एक साहित्यकार का हृदय दया, क्षमा, करुणा आदि से आपूरित रहता है, इसलिए वह खून की होली नहीं खेल सकता।''

साहित्य को इस तरह वरेण्य मानकर चलने वाले अटल जी अनेक बार सोचते रहे हैं कि राजनीति की आपाधापी से मिलने वाली खिन्नता से बेहतर है साहित्य की लिखने-लिखाने की दुनिया में जाना, लेकिन ''राजनीति उस काली कमली की तरह है, जिसको छोड़ने की इच्छा होते हुए भी वह कमली छूटती नहीं है।''

साहित्य की जिस 'लिखने-लिखाने' की दुनिया में बार-बार लौटने को अटलजी ललकते रहे हैं, उसकी भी एक अलग राजनीति है। उस राजनीति के अलग-अलग खाँचे हैं, अलग-अलग वैचारिक शिविर हैं, अलग-अलग उन शिविरों की कसौटियाँ हैं। इस सबका अन्दाज़ा अटल जी को है, उनके ग़लत इस्तेमाल का अन्दाज़ा भी उन्हें है, लेकिन खुशी यह है कि अटल जी ने वैसी किसी भी कसौटी पर खरा उतरने का ख़याल रखकर कोई काव्य-सृजन नहीं किया। उनके सरोकार सीधे-सीधे मानवीय सरोकार हैं जिसके बीज उन्हें पैतृक विरासत में मिले थे। उनके बाबा संस्कृत के जाने-माने विद्वान थे। उनके छोटे से घर में सैकड़ों संस्कृत की पुस्तकें थीं। वे गाँवों में घूम-घूम कर श्रीमद्भागवत की कथा बाँचते थे। इसी से परिवार का भरण-पोषण होता था। संस्कृत की शिक्षा देने

में भी उनकी रुचि थी। साहित्य का यह प्रेम उनके बाबा से पिता पण्डित कृष्ण बिहारी वाजपेयी में उतरा जो ग्वालियर राज्य के सम्मानित कवियों में गिने गए। उनकी लिखी राष्ट्रीय चेतना से प्रेरित कविताएँ ग्वालियर राज्य में गायी जाती थीं।

इसी ग्वालियर में शिंदे की छावनी में 25 दिसम्बर सन् 1924 को अटलजी का जन्म हुआ। विद्यालय प्रमाणपत्र उनका जन्मवर्ष दो साल बाद 1926 के 25 दिसम्बर को बताता है। 25 दिसम्बर ईसामसीह का जन्मदिन भी है इसलिए अटलजी के जन्म की खुशियाँ गिरजाघरों के उल्लास से स्वतः जुड़ गईं।

परिवार भरा-पूरा था और पारिवारिक वातावरण विशुद्ध भारतीय। वही भारतीय वातावरण अटलजी की रगों में बसा। परिवार 'संघ' के प्रति विशेष निष्ठावान था, परिणामतः अटल जी का झुकाव भी 'संघ' की ओर हुआ, वे राष्ट्रीय स्वयंसेवक संघ के स्वयंसेवक बन गए। अध्ययन के प्रति रुचि प्रगाढ़ रही। पिता की कविताओं को सुन-सुन कर वे भी तुकबन्दियाँ करने लगे, यहाँ तक कि कवि सम्मेलनों में भी जाने लगे। "वह सवैया और घनाक्षरी का युग था। मैं भी समस्या-पूर्तियाँ करने लगा। लोगों की प्रशंसा की प्रशंसा मिलती, उत्साह और बढ़ता।"

परिवार के साहित्यिक वातावरण का प्रभाव अटलजी के भाइयों पर भी पड़ा। सबसे बड़े भाई पं. अवध बिहारी वाजपेयी ने, जिनका फरवरी 1998 में निधन हुआ, पितामह पं. श्यामलाल वाजपेयी पर जो कवित्त लिखा था, उसे अटलजी ने "न दैन्यं न पलायनम्" के आत्मकथ्य में उद्धृत किया है। कवित्त यों है :

'श्यामलाल वाजपेयी बाबा जो विदित नाम
पण्डित प्रचण्ड जाकी प्रतिभा प्रकासी है,
पाठन-पठन में बिताए तीन पन दीन्हे
आसपास जासु योग्यता की धाक खासी है,
गुनिन को ग्राहक, गुमानिन गुमान भरो
साधु, सन्त, भक्तन की सेवा अभिलासी है,
श्रेष्ठ कान्यकुब्ज वंश अवतंस 'अवधेश'
आगरा जिले को सुबटेसुर निवासी है।

उस शैली में अटल जी ने भी अपनी लेखनी आजमायी है। बाबा विनोबा भावे पर अपनी श्रद्धा अर्पित करते हुए उन्होंने लिखा था :

जान की लगाए बाजी गाय की बचाई जान
धन्य तू विनोबा ! तेरी कीरति अमर है,
दूध किलकारी, जाको पूत हलधारी होय
सिन्दरी लजात मलमूत्र उर्वर है।
घास पात खात दीन वचन उचारे जात
मरि के हू काम देत चाम जो सुघर है
बाबा ने बचाय लीन्हीं, दिल्ली दहलाय दीन्हीं
बिना लाव लस्कर समर कीन्हों सर है।

अटलजी अपनी प्रारम्भिक कविताओं में 'ताजमहल' पर लिखी कविता का स्मरण करते हैं : "कविता लीक से हटकर थी और उसमें ताज के सौन्दर्य-पक्ष का वर्णन न होकर उसका निर्माण कितने शोषण के बाद हुआ, इसका चित्रण था।"

ज़ाहिर है, वे अटलजी की तुकबन्दियों के दिन थे। गणेशोत्सव और जन्माष्टमी के अवसरों पर पुरस्कार बटोरने के दिन थे, अंत्याक्षरी प्रतियोगिताओं और वाद विवाद प्रतियोगिताओं में इनाम लूट लाने के दिन थे। वे दिन आनन्द के थे, उल्लास के थे।

ऐसा भी नहीं, अटलजी सिर्फ कविता मे ही रमते रहे। तुलसी के 'मानस', प्रसाद की 'कामायनी,' निराला की 'राम की शक्तिपूजा' और महादेवी जी के गीतों में पूरी तरह खोकर भी उन्होंने जीवन का समग्र चित्र पाने के लिए उपन्यासों को भी अपना समय दिया। प्रेमचन्द और जैनेन्द्र के उपन्यासों को उन्होंने खँगाला, वृंदावनलाल वर्मा के उपन्यास 'झाँसी की रानी,' 'मृगनयनी,' गढ़ कुण्डार,' 'विराटा की पद्‌मिनी' तथा 'कचनार' आदि का पारायण किया, अज्ञेय का 'शेखर : एक जीवनी' पढ़ा, जिसने उन्हें मानसिक रूप से खासा झकझोरा भी।

बी. ए. तक की शिक्षा ग्वालियर में हुई। वहाँ के विक्टोरिया कालेज के छात्रसंघ के मन्त्री और उपाध्यक्ष भी रहे। उन्हें भाषण देने और भाषण से मन्त्रमुग्ध कर देने का अभ्यास वहीं से हुआ। वे वाद-विवाद प्रतियोगिताओं में सदैव हिस्सा लेते थे। इलाहाबाद विश्वविद्यालय में राष्ट्रीय स्तर की एक वादविवाद प्रतियोगिता आयोजित थी। विक्टोरिया

कालेज से अटलजी को हिस्सा लेने भेजा गया। अटलजी जब पहुँचे तो म्योर हाल लगभग प्रतियोगिता के समापन का साक्षी होने जा रहा था।

डॉ. हरिवंश राय बच्चन निर्णायक मण्डल के सदस्य थे। अटलजी ने प्रतियोगिता के समापन की घोषणा होने के चन्द सैकन्ड पहले मंच पर पहुँच कर अपना भाषण शुरू किया। निर्णायक मण्डल भी स्तम्भित और श्रोता भी मन्त्रमुग्ध। हर दो मिनट बाद अटलजी को तालियों से प्रशंसा मिलने लगी। परिणाम यह, कि प्रथम पुरस्कार अटलजी को ही प्रदान किया गया।

अटलजी को वक्तृता के पुरस्कारों में एक ऐसा भी पुरस्कार मिला है जो स्नेह का अजस्र स्रोत बनकर उनकी स्मृति में बसा हुआ है। अटलजी ने ग्वालियर के बाद कानपुर के डी.ए.वी. कालेज में प्रवेश लिया और वहाँ दो साल गुजारे। राजनीति शास्त्र में प्रथम श्रेणी में एम.ए. किया।

डी.ए.वी. कालेज, कानपुर, में अटलजी के किस्से एक अजूबा की तरह प्रचलित रहे हैं। इन किस्सों का आधार अटलजी और उनके पिता दोनों का एक साथ एक कक्षा में अध्ययन करना था। अटलजी और उनके पिताजी दोनों ने कानून की पढ़ाई में एक साथ प्रवेश लिया। पिताजी राजकीय सेवा से निवृत्त हो गए थे और अटलजी कानून की पढ़ाई करना चाहते थे। पिताजी ने भी कानून पढ़ने की इच्छा व्यक्त की और एक दिन पिता-पुत्र दोनों प्रिन्सिपल कालका प्रसाद भटनागर के कमरे में दाख़िल हो गए। दोनों को एक ही सेक्शन में प्रवेश मिला। कहानियाँ यों कि पिताजी जिस दिन क्लास में न जाएँ तो पुत्र को जवाब देना पड़े कि तुम्हारे पिताजी क्यों नदारद हैं ? और जिस दिन पुत्र गैरहाज़िर हो जाए तो पिताजी से जवाबतलबी हो : कहाँ हैं आपके साहबज़ादे ? और इस तरह से क्लास में जो ठहाके लगते, उसका अन्दाज़ा लगाया जा सकता है। आखिरकार सेक्शन बदलवाकर ही शान्ति मिली। फिर भी लोग इस जोड़ी को देखने उनके छात्रावास में जाते थे।

अटलजी मेरे कई साल सीनियर रहे हैं इसलिए वह नज़ारा तो मैं नहीं देख पाया, लेकिन जब मैं डी.ए.वी. कालेज पहुँचा तो अटलजी की कहानियाँ बदस्तूर जारी थीं। इसके बाद की कहानी अटलजी के पत्रकार जीवन और फिर राजनीतिक जीवन में प्रवेश की कहानी है। लखनऊ में 'राष्ट्रधर्म' के प्रथम सम्पादक के रूप में उनकी सम्पादकीय टिप्पणियाँ पढ़कर पण्डित श्रीनारायण चतुर्वेदी, अमृतलाल नागर, डॉ. राम कुमार वर्मा

तथा महादेवी जी आदि रचनाकार उनकी प्रशंसा करते थे और जब 'पांचजन्य' का प्रकाशन शुरू किया गया तो अटलजी को उसका सम्पादक बनाया गया। उसके प्रथम अंक की प्रति साहित्यकारों के बीच खासी चर्चा का विषय बनी थी। सन् 1950 में जब लखनऊ में हिन्दी साहित्य सम्मेलन का राष्ट्रीय अधिवेशन आयोजित हुआ तो पण्डित कमलापति त्रिपाठी उसके सभापित बनाए गए और स्वागताध्यक्ष चन्द्रभान गुप्त के साथ उप स्वागताध्यक्ष बनाए गए थे अटलजी। उस अधिवेशन में कैसर बाग की बारादरी में अटलजी ने जिस तरह का ओजस्वी भाषण दिया उसको अपने संस्मरणों में समेटते हुए डाक्टर रामकुमार वर्मा ने कहा है कि "अटलजी के भाषण-कौशल की गवाह कैसर बाग बारादरी की दीवालें आज भी खड़ी हैं।" वही लखनऊ अटलजी को अपना प्रतिनिधि बनाकर संसद में भेजता रहा है। लखनऊ की गली-गली उनको जानती है और वे लखनऊ का कूचा-कूचा जानते हैं—'लखनऊ उन पर फ़िदा और वो फ़िदाए लखनऊ।'

उस लखनऊ शहर के लिए एक ऐतिहासिक दिन था जब अटलजी सन् 1960 में 'दैनिक स्वदेश' के सम्पादक बने और उद्घाटन कार्यक्रम में हिन्दी के दधीचि सम्पादकाचार्य पण्डित अम्बिकाप्रसाद वाजपेयी और बहुश्रुत विद्वान् डॉ. राधाकुमुद मुखर्जी उपस्थित थे। यह अलग बात है कि आर्थिक संकटों के कारण उस अखबार को बन्द होना पड़ा और अटल जी लखनऊ से दिल्ली आ गए।

दिल्ली में अटलजी ने 'वीर अर्जुन' के सम्पादन का दायित्व सम्भाला और फिर अटलजी वक्त की पुकार और स्नेह की धार के साथ बहकर डॉ. श्यामाप्रसाद मुखर्जी के निजी सचिव बने। 1955 में जब श्रीमती विजयलक्ष्मी पण्डित ने लोकसभा की सदस्यता से त्यागपत्र दिया तो लखनऊ की संसदीय सीट खाली हुई। जनसंघ के प्रत्याशी के रूप में वे चुनाव लड़े, हारे भी, लेकिन 'इस तरह से चला साँस का यह सफ़र' कि फिर अटलजी दो साल बाद ही दूसरे आम चुनाव में बलरामपुर से जीत कर संसद में पहुँचे। तब से 'राजनीति की कमली' ने उन्हें नहीं छोड़ा और न छोड़ा उनके राष्ट्र चिन्तन ने। इसी राष्ट्र चिन्तन ने स्वतन्त्रता की पहली वर्षगाँठ पर उनसे लिखवाया :

पन्द्रह अगस्त का दिन कहता
आज़ादी अभी अधूरी है।

सपने सच होने बाक़ी हैं
रावी की शपथ न पूरी है।

जिनकी लाशों पर पग धरकर
आज़ादी भारत में आई,
वे अब तक हैं ख़ानाबदोश
ग़म की काली बदली छाई।

कलकत्ते के फुटपाथों पर
जो आँधी पानी सहते हैं
उनसे पूछो, पन्द्रह अगस्त
के बारे में क्या कहते हैं।

हिन्दू के नाते उनका दुख
सुनते यदि तुम्हें लाज आती,
तो सीमा के उस पार चलो
सभ्यता जहाँ कुचली जाती।

इन्सान जहाँ बेचा जाता
ईमान ख़रीदा जाता है
इस्लाम सिसकियाँ भरता है
डालर मन में मुस्काता है।

भूखों को गोली, नंगों को
हथियार पिन्हाये जाते हैं
सूखे कण्ठों से जेहादी
नारे लगवाए जाते हैं।

जिस दिन यह कविता लिखी गयी, उसी दिन अटलजी ने अपने छात्रावास के प्रथम स्वाधीनता समारोह में मंच से भाषण दिया था। समारोह में भाग लेने के लिए आगरा विश्वविद्यालय के पूर्व कुलपति लाला दीवानचन्द पधारे थे। कानपुर का डी.ए.वी. कालेज उस समय आगरा विश्वविद्यालय से ही सम्बद्ध था। अटलजी ने भाषण दिया तो खुश होकर लाला दीवानचन्द

ने अपने कोट के अन्दर की जेब से दस रुपए का नोट निकालकर अटलजी को दिया। अटलजी के शब्द हैं : ''मुझे जीवन में अनेक पुस्कार मिले हैं जिनमें कीमती पुरस्कार भी शामिल हैं किन्तु प्रो. दीवान चन्द के दिए वे दस रुपए मेरे जीवन की अमूल्य निधि हैं।''

वह अमूल्य निधि उस चेतना को सोने नहीं देती, जिस पर प्रसन्न होकर लाला दीवानचन्द जी ने अपनी जेब से रुपए निकाल कर अटलजी को दिए थे।

यह उसी चेतना की जागृति का नतीजा है कि जिस ऊँचाई पर पहुँचने के लिए तमाम तमाम लोग जीवन भर हाथ-पाँव मारते हैं और वहाँ पहुँच कर ऊँचाई के एकान्त में ठूँठ-सा खड़े हो जाते हैं, उनको अटलजी अपने प्रश्नों के घेरे में लाकर कहते हैं :

जो जितना ऊँचा
उतना ही एकाकी होता है,
हर भार स्वयं ही ढोता है।
चेहरे पर मुस्कानें चिपका
मन ही मन रोता है।
जरूरी यह है कि
ऊँचाई के साथ विस्तार भी हो
जिससे मनुष्य
ठूँठ सा खड़ा न रहे,
औरों से घुले मिले
किसी को साथ ले
किसी के संग चले।

वे नहीं चाहते ऐसी ऊँचाई। प्रभु से प्रार्थना करते हैं :

मेरे प्रभु !
मुझे इतनी ऊँचाई कभी मत देना
ग़ैरों को गले न लगा सकूँ
इतनी रुखाई कभी मत देना।

सन् 1992 में जब उन्हें 'पद्मविभूषण' से अलंकृत किया गया तो उनके सम्मान में एक अभिनन्दन समारोह हुआ। इस समारोह में इस कविता का पाठ करते हुए उन्होंने कविता में अपना समूचा जीवन-दर्शन मंच से घोषित कर दिया। यह जीवन-दर्शन एक अच्छे संवेदनशील इन्सान की जिन्दगी जीने का दर्शन है। उनकी एक कविता है 'पहचान'—उसमें पंक्ति-पंक्ति में सूत्र मन्त्र हैं :

इससे फर्क नहीं पड़ता
कि आदमी कहाँ खड़ा है
पथ पर या रथ पर ?
तीर पर या प्राचीर पर ?

फर्क इससे पड़ता है कि
जहाँ खड़ा है
या जहाँ उसे खड़ा होना पड़ा है
उसका धरातल क्या है ?

छोटे मन से कोई बड़ा नहीं होता
टूटे मन से कोई खड़ा नहीं होता।

आदमी की पहचान
उसके धन या आसन से नहीं होती
उसके मन से होती है,
मन की फ़कीरी पर
कुबेर की सम्पदा भी रोती है।

ये चन्द पंक्तियाँ ही उनके कवि की आन्तरिक बुनावट की तस्वीर पेश करने के लिए काफी हो जाती हैं। उनकी कविताएँ पढ़ते हुए लगता है कि उनके सोच की परछाइयाँ सरपट भाग रही हैं, अपने आसपास का हर कोना छू लेना चाहती हैं और उनका यह 'आसपास' हल्दीघाटी से हिरोशिमा तक है। होने से लेकर न होने तक के विस्तार हैं उसमें, बल्कि न होने के बाद तक के सवाल उससे जुड़े हैं :

होना न होना एक ही सत्य के
दो आयाम हैं,
शेष सब समझ का फेर है
बुद्धि के व्यायाम हैं।

किन्तु न होने के बाद क्या होता है
यह प्रश्न अनुत्तरित है,
प्रत्येक नया नचिकेता
इस प्रश्न की खोज में लगा है,
सभी साधकों को इस प्रश्न ने ठगा है।

ऐसा भी नहीं कि प्रश्न अनुत्तरित ही रह जाए। वे मानते हैं कि इस तरह के गूढ़ प्रश्नों के उत्तर या धर्म की धरती से उपजेंगे, या फिर विज्ञान की अनुसन्धानपरक व्याख्याओं से सुलझकर सामने आएँगे। बन्द दरवाज़े खुलेंगे अवश्य :

धर्म की अनुभूति
विज्ञान का अनुसन्धान
एक दिन अवश्य ही
रुद्ध द्वार खोलेगा,
प्रश्न पूछने के बजाय
यक्ष स्वयं उत्तर बोलेगा।

अटलजी का राजनेता रूप बड़ा है या साहित्यकार रूप ?... ऐसे ऊँचाईमापक सवाल करने वालों के लिए अटलजी की 'यक्ष प्रश्न' जैसी ये कविताएँ एक बड़ी चुनौती की तरह खड़ी हो जाती हैं। असल में ऐसा कोई थर्मामीटर अब तक ईजाद नहीं हुआ जो इस तरह की पैमाइश करके पारे की चमक की तरह कविता की कौंध नाप कर रख दे। किसी राजनेता और साहित्यकार दोनों की पहचान उसके सरोकारों से की जाती हैं। हिन्दी के लब्धप्रतिष्ठ रचनाकार कुँवरनारायण जी के शब्द याद करें : "बड़ा साहित्य न तो राजनीति का गुलाम रहा है और न ही उसका दुश्मन। साहित्य चिन्ता के मूल में रहते हैं वे जीवन-मूल्य जो मनुष्य के हित में हों, जो उसकी रक्षा कर सकें, उसकी अपनी ज़्यादतियों से, और दूसरों की

ज़्यादतियों से भी।''

इन्हीं सरोकारों की अभिव्यक्ति हैं उनकी 'हिरोशिमा की पीड़ा', 'जीवन बीत चला', 'ऊँचाई', 'हरी-हरी दूब' और 'पहचान' जैसी कविताएँ, जिनके अन्दर मनुष्य के अभ्यंतर को सँवारने के मन्त्र हैं और उनके बल पर आदमी को अपनी अस्मिता, स्वाभिमान, राष्ट्र-गौरव, अपने सपने, अपना वर्तमान और भविष्य अपने अनुरूप जीने का हौसला और संकल्प हैं। अटलजी मनुष्य के जुझारूपन के कायल हैं और उसके लिए वे स्पष्ट संकेत देते हैं :

आदमी को चाहिए कि वह जूझे
परिस्थितियों से लड़े
एक स्वप्न टूटे
तो दूसरा गढ़े।

ज़रूरत के लिए वे इतिहास, पुराण, मिथक का इस्तेमाल करते हैं और अपने संकेतों को अधिक ग्राह्य बनाते हैं।

उत्तर-आधुनिकता के अति आग्रही पुराणों और मिथकों के इस्तेमाल को नितान्त सारहीन मानें तो मानते रहें, अटलजी का कोई आग्रह नहीं है कि वे उत्तर-आधुनिक या आधुनिक साहित्यकार माने ही जाएँ जबकि वास्तविकता यह है कि उत्तर-आधुनिकता के आदिम स्रोत माने जाने वाले विचारकों में भी मिथकों और पौराणिक कथाओं के प्रति इस तरह का निषेधात्मक पूर्वाग्रह नहीं है। युंग ने तो कहा था कि हमारे मिथक और पौराणिक कथाएँ पूरी मनुष्य जाति के स्वप्न हैं। एक अन्य विचारक लेवी स्त्रास ने तो उससे आगे जाकर उन्हें स्वप्न मात्र नहीं, उन्हें मनुष्य के संचित अनुभवों की कुंजी कहा है : ''ये स्वप्न मात्र नहीं, दरअसल कुंजियाँ हैं उस पूरे भण्डार की जिसमें मनुष्य की अपने बारे में चिरकाल से संचित यादें, शिकायतें और अनुभव सुरक्षित हैं।''

अटलजी की कविताएँ उन अनुभवों और स्मृतियों के विशाल फलक पर खुदे हुए उनके अपने समय के स्थितिजन्य शिलालेख हैं। उनमें भारत का उदार मन बोलता है और उसका उदात्त चिन्तन बोलता है। उनमें वे स्वप्न पिरोए हुए हैं जिनको साकार करने के लिए उन्होंने वर्षों पहले कहा था : ''आर्यश्रेष्ठ चाणक्य की संकल्पशक्ति लेकर, सम्राट चन्द्रगुप्त की विजिगीषु वृत्ति अपनाकर, महात्मा बुद्ध की करुणा, तीर्थंकर महावीर का

तप और गुरु गोविन्दसिंह का तेज हृदय में धारणकर हमें अन्तर-बाह्य संकटों पर विजय प्राप्त करनी है और भारत को शक्तिशाली तथा समृद्ध बनाकर विश्व में सम्मान का स्थान दिलाना है।''

इस सपने को पूरा करने के लिए जिस उल्लसित ज्वार और जोश की ज़रूरत होती है वह उनके ही शब्दों में :

एक हाथ में सृजन,
दूसरे में हम प्रलय लिए चलते हैं,
सभी कीर्ति ज्वाला में जलते
हम अँधियारे में जलते हैं।

आँखों में वैभव के सपने,
पग में तूफानों की गति हो,
राष्ट्रभक्ति का ज्वार न रुकता,
आये जिस-जिसकी हिम्मत हो।

अँधियारों में तूफानों की गति लेकर चलने और सृजन और प्रलय से एक साथ खेलने वाले इस राष्ट्रभक्ति के दीवाने का यह काव्य-संचयन पाठकों को उनके अन्तर-बाह्य को समझने में विशेष रूप से सहायक होगा, ऐसा मेरा विश्वास है।

–कन्हैयालाल नन्दन

15 अगस्त 1999
132, कैलाश हिल्स, नई दिल्ली-110065

कविताएं

क्या खोया क्या पाया जग में

क्या खोया, क्या पाया जग में,
मिलते और बिछड़ते मग में,
मुझे किसी से नहीं शिकायत,
यद्यपि छला गया पग-पग में,
एक दृष्टि बीती पर डालें, यादों की पोटली टटोलें।

पृथिवी लाखों वर्ष पुरानी,
जीवन एक अनन्त कहानी,
पर तन की अपनी सीमाएँ,
यद्यपि सौ शरदों की वाणी,
इतना काफी है अन्तिम दस्तक पर खुद दरवाजा खोलें।

जन्म-मरण का अविरत फेरा,
जीवन बन्जारों का डेरा,
आज यहाँ, कल कहाँ कूच है,
कौन जानता, किधर सवेरा,
अँधियारा आकाश असीमित, प्राणों के पंखों को तौलें।
अपने ही मन से कुछ बोलें !

“

न मैं चुप हूँ, न गाता हूँ।
समय की सर्द साँसों ने चिनारों को झुलस डाला,
मगर हिमपात को देती चुनौती एक द्रुममाला,
बिखरे नीड़,
विहँसी चीड़,
आँसू हैं न मुस्कानें,
हिमानी झील के तट पर अकेला गुनगुनाता हूँ

”

यक्ष प्रश्न

जो कल थे,
वे आज नहीं हैं।
जो आज हैं,
वे कल नहीं होंगे।

होने, न होने का क्रम,
इसी तरह चलता रहेगा,
हम हैं, हम रहेंगे,
यह भ्रम भी पलता रहेगा।

सत्य क्या है
होना या न होना ?
या दोनों ही सत्य हैं ?
जो है, उसका होना सत्य है,
जो नहीं है, उसका न होना सत्य है।
मुझे लगता है कि
होना-न-होना एक ही सत्य के
दो आयाम हैं,
शेष सब समझ कर फेर,
बुद्धि के व्यायाम हैं।

किन्तु न होने के बाद क्या होता है,
यह प्रश्न अनुत्तरित है।

प्रत्येक नया नचिकेता,
इस प्रश्न की खोज में लगा है
सभी साधकों को इस प्रश्न ने ठगा है।
शायद यह प्रश्न, प्रश्न ही रहेगा।
यदि कुछ प्रश्न अनुत्तरित ही रहें
तो इसमें बुराई क्या है ?

हाँ, खोज का सिलसिला न रुके,
धर्म की अनुभूति,
विज्ञान का अनुसंधान,
एक दिन, अवश्य ही
रुद्ध द्वार खोलेगा,
प्रश्न पूछने के बजाय
यक्ष स्वयं उत्तर बोलेगा।

कौरव कौन, कौन पाण्डव

कौरव कौन
कौन पाण्डव,
टेढ़ा सवाल है।
दोनों ओर शकुनि
का फैला
कूट जाल है।

धर्मराज ने छोड़ी नहीं
जुए की लत है,
हर पंचायत में
पांचाली
अपमानित है।

बिना कृष्ण के
आज
महाभारत होना है,
कोई राजा बने,
रंक को तो रोना है।

ऊँचाई

ऊँचे पहाड़ पर
पेड़ नहीं लगते,
पौधे नहीं उगते,
न ही घास जमती है।

जमती है सिर्फ बर्फ,
जो कफन की तरह सफेद और
मौत की तरह ठण्डी होती है।
खेलती, खिलखिलाती नदी
जिसका रूप धारण कर
अपने भाग्य पर बूँद-बूँद रोती है।

ऐसी ऊँचाई
जिसका परस
पानी को पत्थर कर दे,
ऐसी ऊँचााई
जिसका दरस हीन भाव भर दे,
अभिनन्दन की अधिकारी है,
आरोहियों के लिए आमन्त्रण है,
उस पर झण्डे गाड़े जा सकते हैं,
किंतु कोई गौरैया,
वहाँ नीड़ नहीं बना सकती,
न कोई थका-माँदा बटोही,
उसकी छाँव में पलभर

पलक ही झपका सकता है।
सच्चाई यह है कि
केवल ऊँचाई ही काफी नहीं होती,
सबसे अलग-थलग
परिवेश से पृथक्,
अपनों से कटा-बँटा,
शून्य में अकेला खड़ा होना
पहाड़ की महानता नहीं,
मजबूरी है।
ऊँचाई और गहराई में
आकाश-पाताल की दूरी है।

जो जितना ऊँचा,
उतना ही एकाकी होता है,
हर भार को स्वयं ही ढोता है,
चेहरे पर मुस्कानें चिपका,
मन ही मन रोता है।

जरूरी यह है कि
ऊँचाई के साथ विस्तार भी हो,
जिससे मनुष्य
ठूँठ-सा खड़ा न रहे,
औरों से घुले-मिले,
किसी को साथ ले,
किसी के संग चले।

भीड़ में खो जाना,
यादों में डूब जाना,
स्वयं को भूल जाना,
अस्तित्व को अर्थ,
जीवन को सुगन्ध देता है।

धरती को बौनों की नहीं,
ऊँचे कद के इन्सानों की जरूरत है
इतने ऊँचे कि आसमान को छू लें,
नये नक्षत्रों में प्रतिभा के बीज बो लें,

किंतु इतने ऊँचे भी नहीं,
कि पाँव तले दूब ही न जमे,
कोई काँटा न चुभे,
कोई कली न खिले।

न वसन्त हो, न पतझड़,
हो सिर्फ ऊँचाई का अंधड़,
मात्र अकेलेपन का सन्नाटा।

मेरे प्रभु !
मुझे इतनी ऊँचाई कभी मत देना,
गैरों को गले न गला सकूँ
इतनी रुखाई कभी मत देना।

'पद्मविभूषण' अलंकरण से सम्मानित होने पर 24 अप्रैल, 1992 को दिल्ली में आयोजित अपने अभिनन्दन समारोह में पठित कविता।

हरी-हरी दूब पर

हरी-हरी दूब पर
ओस की बूँदें
अभी थीं,
अब नहीं हैं।
ऐसी खुशियाँ
जो हमेशा हमारा साथ दें
कभी नहीं थीं,
कहीं नहीं हैं।

क्वाँर की कोख से
फूटा बाल सूर्य
जब पूरब की गोद में
पाँव फैलाने लगा,
तो मेरी बगीची का
पत्ता-पत्ता जगमगाने लगा,
मैं उगते सूर्य को नमस्कार करूँ,
या उसके ताप से भाप बनी
ओस की बूँदों को ढूँढ़ूँ ?

सूर्य एक सत्य है
जिसे झुठलाया नहीं जा सकता,
मगर ओस भी एक सच्चाई है,
यह बात अलग है कि ओस क्षणिक है,
क्यों न मैं क्षण-क्षण को जीऊँ

कण-कण में बिखरे सौन्दर्य को पीऊँ

सूर्य तो फिर भी उगेगा,
धूप तो फिर भी खिलेगी,
लेकिन मेरी बगीची की
हरी-हरी दूब पर,
ओस की बूँद
हर मौसम में नहीं मिलेगी।

पहचान

पेड़ के ऊपर चढ़ा आदमी
ऊँचा दिखाई देता है,
जड़ में खड़ा आदमी
नीचा दिखाई देता है।

आदमी न ऊँचा होता है, न नीचा होता है,
न बड़ा होता है, न छोटा होता है,
आदमी सिर्फ आदमी होता है।

पता नहीं इस सीधे, सपाट सत्य को
दुनिया क्यों नहीं जानती ?
और अगर जानती है,
तो मन से क्यों नहीं मानती ?

इसे फर्क नहीं पड़ता
कि आदमी कहाँ खड़ा है–
पथ पर या रथ पर ?
तीर पर या प्राचीर पर ?

फर्क इससे पड़ता है कि जहाँ खड़ा है,
या जहाँ उसे खड़ा होना पड़ा है,
वहाँ उसका धरातल क्या है ?

हिमालय की चोटी पर पहुँच,
एवरेस्ट-विजय की पताका फहरा,

कोई विजेता यदि ईर्ष्या से दग्ध
अपने साथी से विश्वासघात करे,
तो क्या उसका अपराध
इसलिए क्षम्य हो जाएगा कि
वह एवरेस्ट की ऊँचाई पर हुआ था ?

नहीं, अपराध अपराध ही रहेगा,
हिमालय की सारी धवलता
उस कालिमा को नहीं ढक सकेगी,
कपड़ों की दूधिया सफेदी जैसे
मन की मलिनता को नहीं छिपा सकती।

किसी सन्त कवि ने कहा है कि
मनुष्य के ऊपर कोई नहीं होता,
मुझे लगता है कि मनुष्य के ऊपर
होता है उसका मन।

छोटे मन से कोई बड़ा नहीं होता,
टूटे मन से कोई खड़ा नहीं होता।

इसीलिए तो भगवान कृष्ण को
शस्त्रों से सज्ज, रथ पर चढ़े,
कुरुक्षेत्र के मैदान में खड़े
अर्जुन को गीता सुनानी पड़ी थी।

मन हार कर मैदान नहीं जीते जाते,
न मैदान जीतने से मन ही जीते जाते हैं।

चोटी से गिरने से
अधिक चोट लगती है।
अस्थि टूट जाती,
पीड़ा मन में सुलगती है।

इसका अर्थ यह नहीं कि
चोटी पर चढ़ने की चुनौती ही न मानें,
इसका अर्थ यह भी नहीं कि
परिस्थिति पर विजय पाने की न ठानें।

आदमी जहाँ है, वहीं खड़ा रहे ?
दूसरों की दया के भरोसे पर पड़ा रहे ?
जड़ता का नाम जीवन नहीं है,
पलायन पुरोगमन नहीं है।

आदमी को चाहिए कि वह जूझे,
परिस्थितियों से लड़े,
एक स्वप्न टूटे
तो दूसरा गढ़े।

किंतु कितना भी ऊँचा उठे,
मनुष्यता के स्तर से न गिरे,
अपने धरातल को न छोड़े,
अन्तर्यामी से मुँह न मोड़े।

एक पाँव धरती पर रख कर ही
वामन भगवान ने आकाश, पाताल को जीता था।
धरती ही धारण करती है,
कोई इस पर भार न बने,
मिथ्या अभिमान से न तने।

आदमी की पहचान,
उसके धन या आसन से नहीं होती,
उसके मन से होती है।
मन की फकीरी पर
कुबेर की सम्पदा भी रोती है।

मन का सन्तोष

पृथिवी पर
मनुष्य ही ऐसा एक प्राणी है,
जो भीड़ में अकेला, और
अकेले में भीड़ से घिरा अनुभव करता है।

मनुष्य को झुण्ड में रहना पसन्द है।
घर-परिवार से प्रारम्भ कर,
वह बस्तियाँ बसाता है
गली-ग्राम-पुर-नगर सजाता है।

सभ्यता की निष्ठुर दौड़ में,
संस्कृति को पीछे छोड़ता हुआ,
प्रकृति पर विजय,
मृत्यु को मुट्ठी में करना चाहता है।

अपनी रक्षा के लिए
औरों के विनाश के सामान जुटाता है।
आकाश को अभिशप्त,
धरती को निर्वसन,
वायु को विषाक्त,
जल को दूषित करने में संकोच नहीं करता।

किंतु, यह सब कुछ करने के बाद
जब वह एकान्त में बैठकर विचार करता है,
वह एकान्त, फिर घर का कोना हो,

या कोलाहल से भरा बाजार,
या प्रकाश की गति से तेज उड़ता जहाज,
या कोई वैज्ञानिक प्रयोगशाला,
या मन्दिर,
या मरघट।

जब वह आत्मालोचन करता है,
मन की परतें खोलता है,
स्वयं से बोलता है,
हानि-लाभ का लेखा-जोखा नहीं,
क्या खोया, क्या पाया का हिसाब भी नहीं,
जब वह पूरी जिन्दगी को ही तौलता है,
अपनी कसौटी पर स्वयं को ही कसता है,
निर्ममता से निरखता, परखता है,
तब वह अपने मन से क्या कहता है—
इसी का महत्त्व है, यही उसका सत्य है।

अन्तिम यात्रा के अवसर पर,
विदा की वेला में,
जब सबका साथ छूटने लगता है,
शरीर भी साथ नहीं देता,
तब आत्मग्लानि से मुक्त
यदि कोई हाथ उठाकर यह कह सकता है
कि उसने जीवन में जो कुछ किया,
सही समझकर किया,
किसी को जानबूझकर चोट पहुँचाने के लिए नहीं,
सहज कर्म समझकर किया,
तो उसका अस्तित्व सार्थक है,
उसका जीवन सफल है।

उसी के लिए यह कहावत बनी है,
मन चंगा तो कठौती में गंगाजल है।

न्यूयार्क, 1994

मैं सोचने लगता हूँ

तेज रफ्तार से दौड़ती बसें,
बसों के पीछे भागते लोग,
बच्चे सम्हालती औरतें,

सड़कों पर इतनी धूल उड़ती है
कि मुझे कुछ दिखाई नहीं देता,
मैं सोचने लगता हूँ।

पुरखे सोचने के लिए आँखें बन्द करते थे,
मैं आँखें बन्द होने पर सोचता हूँ।

बसें ठिकानों पर क्यों नहीं ठहरतीं ?
लोग लाइनों में क्यों नहीं लगते ?
आखिर यह भागदौड़ कब तक चलेगी ?

देश की राजधानी में,
संसद के सामने,
धूल कब तक उड़ेगी ?

मेरी आँखें बन्द हैं,
मुझे कुछ दिखाई नहीं देता,
मैं सोचने लगता हूँ।

हिरोशिमा की पीड़ा

किसी रात को
मेरी नींद अचानक उचट जाती है,
आँख खुल जाती है,
मैं सोचने लगता हूँ कि
जिन वैज्ञानिकों ने अणु अस्त्रों का
आविष्कार किया था :
वे हिरोशिमा-नागासाकी के
भीषण नरसंहार के समाचार सुनकर
रात को सोये कैसे होंगे ?

दाँत में फँसा तिनका,
आँख की किरकिरी,
पाँव में चुभा काँटा,
आँखों की नींद,
मन का चैन उड़ा देते हैं।

सगे-संबंधी की मृत्यु,
किसी प्रिय का न रहना,
परिचित का उठ जाना,
यहाँ तक कि पालतू पशु का भी बिछोह
हृदय में इतनी पीड़ा, इतना विषाद भर देता है
कि चेष्टा करने पर भी नींद नहीं आती
करवटें बदलते रात गुजर जाती है।

किन्तु जिनके आविष्कार से
वह अन्तिम अस्त्र बना
जिसने छः अगस्त उन्नीस सौ पैंतालीस की काल रात्रि को
हिरोशिमा-नागासाकी में मृत्यु का ताण्डव कर
दो लाख से अधिक लोगों की बलि ले ली,
हजारों को जीवन भर के लिए अपाहिज कर दिया

क्या उन्हें एक क्षण के लिए सही, यह
अनुभूति हुई कि उनके हाथों जो कुछ
हुआ, अच्छा नहीं हुआ ?
यदि हुई, तो वक्त उन्हें कटघरे में खड़ा नहीं करेगा,
किन्तु यदि नहीं हुई तो इतिहास उन्हें कभी
माफ नहीं करेगा।

मोड़ पर

मुझे दूर का दिखाई देता है,
मैं दीवार पर लिखा पढ़ सकता हूँ,
मगर हाथ की रेखाएँ नहीं पढ़ पाता।
सीमा के पार भड़कते शोले
मुझे दिखाई देते हैं,
पर पाँवों के इर्द-गिर्द फैली गर्म राख
नज़र नहीं आती।
क्या मैं बूढ़ा हो चला हूँ ?

हर पचीस दिसम्बर को
जीने की एक नई सीढ़ी चढ़ता हूँ,
नए मोड़ पर
औरों से कम, स्वयं से ज़्यादा लड़ता हूँ।

मैं भीड़ को चुप करा देता हूँ,
मगर अपने को जवाब नहीं दे पाता।
मेरा मन मुझे अपनी ही अदालत में खड़ा कर
जब जिरह करता है,
मेरा हलफनामा मेरे ही खिलाफ पेश करता है,
तो मैं मुकदमा हार जाता हूँ,
अपनी ही नज़र में गुनहगार बन जाता हूँ।
तब मुझे कुछ दिखाई नहीं देता,
न दूर का, न पास का,
मेरी उम्र अचानक दस साल बढ़ जाती है,
मैं सचमुच बूढ़ा हो जाता हूँ।

---

25 दिसम्बर, 1993, जन्म-दिवस पर

सत्ता

मासूम बच्चों,
बूढ़ी औरतों,
जवान मर्दों
की लाशों के ढेर पर चढ़ कर
जो सत्ता के सिंहासन तक पहुँचना चाहते हैं
उनसे मेरा एक सवाल है :
        क्या मरने वालों के साथ
        उनका कोई रिश्ता न था ?

न सही धर्म का नाता,
क्या धरती का भी सम्बन्ध नहीं था?
'पृथ्वी माँ और हम उसके पुत्र हैं।''[1]
अथर्ववेद का यह मन्त्र
क्या सिर्फ जपने के लिए है,
जीने के लिए नहीं ?

        आग में जले बच्चे,
        वासना की शिकार औरतें,
        राख में बदले घर
        न सभ्यता का प्रमाण पत्र हैं,
        न देशभक्ति का तमगा,

---

1. माता भूमिः पुत्रो अहं पृथिव्याः। (अथर्ववेद 12 : 1 : 12)

वे यदि घोषणा-पत्र हैं तो पशुता के,
प्रमाण हैं तो पतितावस्था के,
ऐसे कपूतों से
माँ का निपूती रहना ही अच्छा था।

निर्दोष रक्त से सनी राजगद्दी,
श्मशान की धूल से भी गिरी है,
सत्ता की अनियन्त्रित भूख
रक्त-पिपासा से भी बुरी है।

पाँच हजार साल की संस्कृति :
गर्व करें या रोएँ ?
स्वार्थ की दौड़ में
कहीं आजादी फिर से न खोएँ।

वैभव के अमिट चरण-चिह्न

विजय का पर्व !
जीवन-संग्राम की काली घड़ियों में
क्षणिक पराजय के छोटे-छोटे क्षण
अतीत के गौरव की स्वर्णिम गाथाओं के
पुण्यस्मरण मात्र से प्रकाशित होकर
विजयोन्मुख भविष्य का
पथ प्रशस्त करते हैं

अमावस के अभेद्य अंधकार का
अन्तःकरण
पूर्णिमा का स्मरण कर
थर्रा उठता है।

सरिता की मँझधार में
अपराजित पौरुष की सम्पूर्ण
उमंगों के साथ
जीवन की उत्ताल तरंगों से
हँस-हँस कर क्रीड़ा करने वाले,
नैराश्य के भीषण भँवर का
कौतुक के साथ आलिंगन
आनन्द देता है।

पर्वतप्राय लहरियाँ
उसे भयभीत नहीं कर सकतीं
उसे चिन्ता क्या है ?

कुछ क्षण पूर्व ही तो
वह स्वेच्छा से
कूल-कछार छोड़कर आया
उसे भय क्या है ?
कुछ क्षण पश्चात् ही तो
वह संघर्ष की सरिता
पार कर
वैभव के अमिट चरण-चिह्न
अंकित करेगा।

हम अपना मस्तक
आत्मगौरव के साथ
तनिक ऊँचा उठाकर देखें,
विश्व के गगन-मण्डल पर
हमारी कलित कीर्ति के
असंख्य दीपक जल रहे हैं।
युगों के वज्र-कठोर हृदय पर
हमारी विजय के स्तम्भ अंकित हैं।
अनन्त भूतकाल
हमारी दिव्य विभा से चकित है।

भावी की अगणित घड़ियाँ
हमारी विजयमाला की
लड़ियाँ बनने की
प्रतीक्षा में मौन खड़ी हैं।
हमारी विश्वविदित विजयों का इतिहास
अधर्म पर धर्म की जयगाथाओं से बना है।
हमारे राष्ट्र जीवन की कहानी
विशुद्ध राष्ट्रीयता की कहानी है।

अमर आग है

कोटि-कोटि आकुल हृदयों में
सुलग रही है जो चिनगारी,
अमर आग है, अमर आग है।

उत्तर दिशि में अजित दुर्ग सा,
जागरूक प्रहरी युग-युग का,
मूर्तिमन्त स्थैर्य, धीरता की प्रतिमा सा,
अटल अडिग नगपति विशाल है।

नभ की छाती को छूता सा,
कीर्ति-पुञ्ज सा,
दिव्य दीपकों के प्रकाश में—
झिल-मिल झिल-मिल—
ज्योतित माँ का पूज्य भाल है।

कौन कह रहा उसे हिमालय ?
वह तो हिमावृत्त ज्वालागिरि,
अणु-अणु, कण-कण, गह्वर-कन्दर,
गुञ्जित ध्वनित कर रहा अब तक
डिम-डिम डमरू का भैरव स्वर।
गौरीशंकर के गिरि गह्वर
शैल-शिखर, निर्झर, वन-उपवन
तरु तृण दीपित

शंकर के तीसरे नयन की–
प्रलय-वह्नि से जगमग ज्योतित।
जिसको छूकर,
क्षण भर ही में
काम रह गया था मुट्ठी भर।

यही आग ले प्रतिदिन प्राची
अपना अरुण सुहाग सजाती,
और प्रखर दिनकर की,
कंचन काया,
इसी आग में पल कर
निशि-निशि, दिन-दिन,
जल-जल, प्रतिपल,
सृष्टि-प्रलय-पर्यन्त तमावृत
जगती को रास्ता दिखाती।

यही आग ले हिन्द महासागर की छाती
है धधकाती,
लहर-लहर प्रज्वाल लपट बन
पूर्व-पश्चिमी घाटों को छू,
सदियों की हतभाग्य निशा में
सोये शिलाखण्ड सुलगाती।

नयन-नयन में यही आग ले,
कण्ठ-कण्ठ में प्रलय-राग ले,
अब तक हिन्दुस्तान जिया है।

इसी आग की दिव्य विभा में,
सप्त-सिन्धु के कल कछार पर,
सुर-सरिता की धवल धार पर
तीर-तटों पर,
पर्णकुटी में, पर्णासन पर,

कोटि-कोटि ऋषियों-मुनियों ने
दिव्य ज्ञान का सोम पिया था
जिसका कुछ उच्छिष्ट मात्र
बर्बर पश्चिम ने,
दया दान सा,
निज जीवन को सफल मान कर,
कर पसार कर,
सिर-आँखों पर धार लिया था।

वेद-वेद के मन्त्र-मन्त्र में,
मन्त्र-मन्त्र की पंक्ति-पंक्ति में,
पंक्ति-पंक्ति के शब्द-शब्द में,
शब्द-शब्द के अक्षर स्वर में,
दिव्य ज्ञान-आलोक प्रदीपित,
सत्यं, शिवं, सुन्दरं शोभित,
कपिल, कणाद और जैमिनि की
स्वानुभूति का अमर प्रकाशन,
विशद-विवेचन, प्रत्यालोचन,
ब्रह्म, जगत, माया का दर्शन।
कोटि-कोटि कण्ठों में गूँजा
जो अति मंगलमय स्वर्गिक स्वर,
अमर राग है, अमर राग है।
कोटि-कोटि आकुल हृदयों में
सुलग रही है जो चिनगारी
अमर आग है, अमर आग है।

यही आग सरयू के तट पर
दशरथ जी के राजमहल में,
घन-समूह में चल चपला सी,
प्रगट हुई, प्रज्वलित हुई थी।
दैत्य-दानवों के अधर्म से
पीड़ित पुण्यभूमि का जन-जन,

शंकित मन-मन,
त्रसित विप्र,
आकुल मुनिवर-गण,
बोल रही अधर्म को तूती
दुस्तर हुआ धर्म का पालन,

तब स्वदेश-रक्षार्थ देश का
सोया क्षत्रियत्व जागा था।
रोम-रोम में प्रगट हुई यह ज्वाला,
जिसने
असुर जलाए,
देश बचाया,
वाल्मीकि ने जिसको गाया।

चकाचौंध दुनिया ने देखी
सीता के सतीत्व की ज्वाला,
विश्व चकित रह गया देखकर
नारी की रक्षा-निमित्त जब
नर क्या वानर ने भी अपना
महाकाल की बलि-वेदी पर,
अगणित होकर
सस्मित हर्षित शीश चढ़ाया।

यही आग प्रज्वलित हुई थी
यमुना की आकुल आहों से,
अत्याचार-प्रपीड़ित ब्रज के
अश्रु-सिन्धु में बड़वानल बन।
कौन सह सका माँ का क्रन्दन ?
दीन देवकी ने कारा में
सुलगाई थी यही आग जो
कृष्ण-रूप में फूट पड़ी थी।
जिसको छू कर,

माँ के कर की कड़ियाँ,
पग की लड़ियाँ,
चट-चट टूट पड़ी थीं।

पाञ्चजन्य का भैरव स्वर सुन
तड़प उठा आक्रुद्ध सुदर्शन,
अर्जुन का गाण्डीव,
भीम की गदा,
धर्म का धर्म डट गया,
अमर भूमि में,
समर भूमि में,
धर्म भूमि में,
कर्म भूमि में,
गूँज उठी गीता की वाणी,
मंगलमय जन-जन कल्याणी।

अपढ़, अजान विश्व ने पाई
शीश झुका कर एक धरोहर।
कौन दार्शनिक दे पाया है
अब तक ऐसा जीवन-दर्शन ?

कालिन्दी के कल कछार पर
कृष्ण-कण्ठ से गूँजा जो स्वर
अमर राग है, अमर राग है।

कोटि-कोटि आकुल हृदयों में
सुलग रही है जो चिनगारी,
अमर आग है, अमर आग है।

“

एक हाथ में सृजन,
दूसरे में हम प्रलय लिए चलते हैं,
सभी कीर्ति जवाला में जलते,
हम अँधियारे में जलते हैं।
आँखों में वैभव के सपने,
पग में तूफानों की गति हो,
राष्ट्रभक्ति का ज्वार न रुकता,
आए जिस-जिस की हिम्मत हो।।

”

गीत नया गाता हूँ

टूटे हुए तारों से फूटे वासन्ती स्वर,
पत्थर की छाती में उग आया नव अंकुर,
झरे सब पीले पात,
कोयल की कुहुक रात,
प्राची में अरुणिमा की रेख देख पाता हूँ।
गीत नया गाता हूँ।

टूटे हुए सपने की सुने कौन सिसकी ?
अन्तर को चीर व्यथा पलकों पर ठिठकी।
हार नहीं मानूँगा,
रार नई ठानूँगा,
काल के कपाल पर लिखता-मिटाता· हूँ।
गीता नया गाता हूँ।

सपना टूट गया

हाथों की हल्दी है पीली
पैरों की मेहँदी कुछ गीली
पलक झपकने से पहले ही सपना टूट गया

दीप बुझाया रची दिवाली
लेकिन कटी न मावस काली
व्यर्थ हुआ आवाहन स्वर्ण सबेरा रूठ गया।
सपना टूट गया।

नियति नटी की लीला न्यारी
सब कुछ स्वाहा की तैयारी
अभी चला दो कदम कारवाँ, साथी छूट गया।
सपना टूट गया।

1979 में जनता पार्टी के टूटने के बाद की मनःस्थिति में रचित

एक बरस बीत गया

एक बरस बीत गया।

झुलसाता जेठ मास,
शरद चाँदनी उदास,
सिसकी भरते सावन का
अन्तर्घट रीत गया,
एक बरस बीत गया।

सीकचों में सिमटा जग
किन्तु विकल प्राण विहग
धरती से अम्बर तक
गूँज मुक्ति गीत गया,
एक बरस बीत गया।

पथ निहारते नयन
गिनते दिन, पल, छिन
लौट कभी आएगा
मन का जो मीत गया,
एक बरस बीत गया।

आपातकाल में जेल के भीतर एक वर्ष के बाद लिखी गई रचना

स्वतन्त्रता दिवस की पुकार

पन्द्रह अगस्त का दिन कहता—आजादी अभी अधूरी है।
सपने सच होने बाकी हैं, रावी की शपथ न पूरी है।।
जिनकी लाशों पर पग धर कर आजादी भारत में आई।
वे अब तक हैं खानाबदोश, गम की काली बदली छाई।।
कलकत्ते के फुटपाथों पर जो आँधी-पानी सहते हैं।
उनसे पूछो, पन्द्रह अगस्त के बारे में क्या कहते हैं।।
हिन्दू के नाते उनका दुःख सुनते यदि तुम्हें लाज आती।
तो सीमा के उस पार चलो, सभ्यता जहाँ कुचली जाती।।
इन्सान जहाँ बेचा जाता, ईमान खरीदा जाता है।
इस्लाम सिसकियाँ भरता है, डालर मन में मुस्काता है।।
भूखों को गोली, नंगों को हथियार पिन्हाये जाते हैं।
सूखे कण्ठों से जेहादी नारे लगवाए जाते हैं।।
लाहौर, कराची, ढाका पर मातम की है काली छाया।
पख्तूनों पर, गिलगित पर है गमगीन गुलामी का साया।।
बस इसीलिए तो कहता हूँ आजादी अभी अधूरी है।
कैसे उल्लास मनाऊँ मैं, थोड़े दिन की मजबूरी है।।
दिन दूर नहीं खण्डित भारत को पुनः अखण्ड बनाएँगे।
गिलगित से गारो पर्वत तक आजादी पर्व मनाएँगे।।
उस स्वर्ण दिवस के लिए आज से कमर कसें, बलिदान करें।
जो पाया उसमें खो न जाएँ, जो खोया उसका ध्यान करें।।

---

15 अगस्त 1947 को लिखित

उनकी याद करें

जो बरसों तक लड़े जेल में, उनकी याद करें,
जो फाँसी पर चढ़े खेल मे, उनकी याद करें।

याद करें काला पानी को,
अँग्रेजों की मनमानी को,
कोल्हू में जुट तेल पेरते,
सावरकर से बलिदानी को,

याद करें बहरे शासन को,
बम से थर्राते आसन को,
भगतसिंह, सुखदेव, राजगुरु
के आत्मोत्सर्ग पावन को
अन्यायी से लड़ें दया की मत फरियाद करें।
उनकी याद करें।

याद करें हम पुर्तगाल को,
जुल्म-सितम के तीस साल को,
फौजी बूटों तले क्रान्ति की
सुलगी चिनगारी विशाल को।

याद करें सालाज़ारों को,
ज़ारों के अत्याचारों को,
साइबेरिया के निर्वासित
शिविरों के हाहाकारों को,

स्वतन्त्रता के नए समर का शंख निनाद करें।
उनकी याद करें।

बलिदानों की बेला आई,
लोकतन्त्र दे रहा दुहाई,
स्वाभिमान से वही जिएगा
जिससे कीमत गई चुकाई।

मुक्ति माँगती शक्ति संगठित,
युक्ति सुसंगत, भक्ति अकम्पित,
कृति तेजस्वी, धृति हिमगिरि-सी
मुक्ति माँगती गति अप्रतिहत।
अन्तिम विजय सुनिश्चित, पथ में
क्यों अवसाद भरें ?
उनकी याद करें।

जंग न होने देंगे

हम जंग न होने देंगे !
विश्व शान्ति के हम साधक हैं, जंग न होने देंगे !

कभी न खेतों में फिर खूनी खाद फलेगी,
खलिहानों में नहीं मौत की फसल खिलेगी,
आसमान फिर कभी न अंगारे उगलेगा,
एटम से नागासाकी फिर नहीं जलेगी,
युद्धविहीन विश्व का सपना भंग न होने देंगे।
जंग न होने देंगे।

हथियारों के ढेरों पर जिनका है डेरा,
मुँह में शान्ति, बगल में बम, धोखे का फेरा,
कफन बेचने वालों से कह दो चिल्लाकर,
दुनिया जान गई है उनका असली चेहरा।
कामयाब हों उनकी चालें, ढंग न होने देंगे!
जंग न होने देंगे।

हमें चाहिए शान्ति, जिन्दगी हमको प्यारी,
हमें चाहिए शान्ति, सृजन की है तैयारी,
हमने छेड़ी जंग भूख से, बीमारी से,
आगे आकर हाथ बटाए दुनिया सारी।
हरी-भरी धरती को खूनी रंग न लेने देंगे।
जंग न होने देंगे।

भारत-पाकिस्तान पड़ोसी, साथ-साथ रहना है,
प्यार करें या वार करें, दोनों को ही सहना है,
तीन बार लड़ चुके लड़ाई, कितना महँगा सौदा,
रूसी बम हो या अमेरिकी, खून एक बहना है।
जो हम पर गुजरी बच्चों के संग न होने देंगे।
जंग न होने देंगे।

अन्तर्द्वन्द्व

क्या सच है, क्या शिव, क्या सुन्दर ?

शव का अर्चन,
शिव का वर्जन,
कहूँ विसंगति या रूपान्तर ?

वैभव दूना,
अन्तर सूना,
कहूँ प्रगति या प्रतिस्थलान्तर ?

मात्र संक्रमण ?
या नव सर्जन ?
स्वस्ति कहूँ या रहूँ निरुत्तर ?

लेनिन की समाधि देखने के बाद रचित

रोते-रोते रात सो गई

झुकी न अलकें
झपी न पलकें
सुधियों की बारात खो गई।

दर्द पुराना,
मीत न जाना,
बातों में ही प्रात हो गई।

घुमड़ी बदली,
बूँद न निकली,
बिछुड़न ऐसी व्यथा बो गई।
रोते-रोते रात सो गई।

कदम मिलाकर चलना होगा

बाधाएँ आती हैं आएँ,
घिरें प्रलय की घोर घटाएँ,
पाँवों के नीचे अंगारे,
सिर पर बरसें यदि ज्वालाएँ,
निज हाथों से हँसते-हँसते,
आग लगा कर जलना होगा।
कदम मिलाकर चलना होगा।

हास्य-रुदन में, तूफानों में,
अमर असंख्यक बलिदानों में,
उद्यानों में, वीरानों में,
अपमानों में, सम्मानों में,
उन्नत मस्तक, उभरा सीना,
पीड़ाओं में पलना होगा !
कदम मिलाकर चलना होगा।

उजियारे में, अंधकार में,
कल कछार में, बीच धार में,
घोर घृणा में, पूत प्यार में,
क्षणिक जीत में, दीर्घ हार में,
जीवन के शत-शत आकर्षक
अरमानों को दलना होगा।
कदम मिलाकर चलना होगा।

सम्मुख फैला अमर ध्येय पथ,
प्रगति चिरन्तन, कैसा इति अथ,
सुस्मित हर्षित कैसा श्रम श्लथ,
असफल, सफल समान मनोरथ,
सब कुछ देकर कुछ न माँगते,
पावस बनकर ढलना होगा।
कदम मिलाकर चलना होगा।

कुश काँटों से सज्जित जीवन,
प्रखर प्यार से वञ्चित यौवन,
नीरवता से मुखरित मधुवन,
पर-हित अर्पित अपना तन-मन,
जीवन को शत-शत आहुति में,
जलना होगा, गलना होगा।
कदम मिलाकर चलना होगा।

न मैं चुप हूँ, न गाता हूँ

सवेरा है, मगर पूरब दिशा में घिर रहे बादल,
रुई से धुँधलके में मील के पत्थर पड़े घायल,
ठिठके पाँव,
ओझल गाँव,
जड़ता है न गतिमयता,
स्वयं को दूसरों की दृष्टि से मैं देख पाता हूँ।
न मैं चुप हूँ, न गाता हूँ।

समय की सर्द साँसों ने चिनारों को झुलस डाला,
मगर हिमपात को देती चुनौती एक द्रुममाला,
बिखरे नीड़,
विहँसी चीड़,
आँसू हैं न मुस्कानें,
हिमानी झील के तट पर अकेला गुनगुनाता हूँ।
न मैं चुप हूँ, न गाता हूँ।

आओ फिर से दिया जलाएँ

भूरी दुपहरी में अँधियारा,
सूरज परछाईं से हारा,
अन्तरतम का नेह निचोड़ें, बुझी हुई बाती सुलगाएँ,
आओ फिर से दिया जलाएँ।

हम पड़ाव को समझे मंज़िल,
लक्ष्य हुआ आँखों से ओझल,
वर्तमान के मोहजाल में आने वाला कल न भुलाएँ,
आओ फिर से दिया जलाएँ।

आहुति बाकी, यज्ञ अधूरा,
अपनों के विघ्नों ने घेरा,
अन्तिम जय का वज्र बनाने, नव दधीचि हड्डियाँ गलाएँ,
आओ फिर से दिया जलाएँ।

जीवन की ढलने लगी साँझ

जीवन की ढलने लगी साँझ
उमर घट गई
डगर कट गई
जीवन की ढलने लगी साँझ

बदले हैं अर्थ
शब्द हुए व्यर्थ
शान्ति बिना खुशियाँ हैं बाँझ

सपनों से मीत
बिखरा संगीत
ठिठक रहे पाँव और झिझक रही झाँझ
जीवन की ढलने लगी साँझ।

आपातकाल के दौरान जीवन के पचास वर्ष पूरे होने पर लिखित

राह कौन-सी जाऊँ मैं ?

चौराहे पर लुटता चीर,
प्यादे से पिट गया वजीर,
चलूँ आखिरी चाल कि बाज़ी छोड़ विरक्ति रचाऊँ मैं ?
राह कौन-सी जाऊँ मैं ?

सपना जन्मा और मर गया,
मधु ऋतु में ही बाग झर गया,
तिनके बिखरे हुए बटोरूँ या नव सृष्टि सजाऊँ मैं ?
राह कौन-सी जाऊँ मैं ?

दो दिन मिले उधार में,
घाटे के व्यापार में,
क्षण-क्षण का हिसाब जोड़ूँ या पूँजी शेष लुटाऊँ मैं ?
राह कौन-सी जाऊँ मैं ?

किन्तु मरण की माँग करूँगा

मैंने जन्म नहीं माँगा था,
किन्तु मरण की माँग करूँगा।

जाने कितनी बार जिया हूँ,
जाने कितनी बार मरा हूँ।
जन्म मरण के फेरे से मैं,
इतना पहले नहीं डरा हूँ।

अन्तहीन अँधियार ज्योति की,
कब तक और तलाश करूँगा ?
मैंने जन्म नहीं माँगा था,
किन्तु मरण की माँग करूँगा।

बचपन, यौवन और बुढ़ापा,
कुछ दशकों में खत्म कहानी।
फिर-फिर जीना, फिर-फिर मरना,
यह मजबूरी या मनमानी ?

पूर्व जन्म के पूर्व बसी
दुनिया का द्वाराचार करूँगा।
मैंने जन्म नहीं माँगा था,
किन्तु मरण की माँग करूँगा।

मौत से ठन गई

ठन गई !
मौत से ठन गई !

जूझने का मेरा कोई इरादा न था,
मोड़ पर मिलेंगे इसका वादा न था,
रास्ता रोक कर वह खड़ी हो गई,
यों लगा जिन्दगी से बड़ी हो गई।

मौत की उम्र क्या ? तीन पल भी नहीं,
जिन्दगी सिलसिला, आज कल की नहीं,
मैं जी भर जिया, मैं मन से मरूँ,
लौटकर आऊँगा, कूच से क्यों डरूँ ?

तू दबे पाँव, चोरी-छिपे से न आ,
सामने वार कर, फिर मुझे आज़मा।
मौत से बेखबर, जिन्दगी का सफर,
शाम हर सुरमई, रात बंसी का स्वर,

बात ऐसी नहीं कि कोई गम ही नहीं,
दर्द अपने-पराए कुछ कम भी नहीं।
प्यार इतना परायों से मुझको मिला,
न अपनों से बाकी है कोई गिला,
हर चुनौती से दो हाथ मैंने किए,
आँधियों में जलाए हैं बुझते दिए,

आज झकझोरता तेज तूफान है,
नाव भँवरों की बाँहों में मेहमान है,
पार पाने का क़ायम मगर हौसला,
देख तूफां का तेवर तरी तन गई,
मौत से ठन गई।

गम्भीर अस्वस्थता के बीच न्यूयार्क में रात को शब्दबद्ध भाव

जीवन बीत चला

कल, कल करते, आज
हाथ से निकले सारे,
भूत भविष्यत् की चिन्ता में
वर्तमान की बाजी हारे,

पहरा काई काम न आया
रसघट रीत चला।
जीवन बीत चला।

हानि-लाभ के पलड़ों में
तुलता जीवन व्यापार हो गया,
मोल लगा बिकने वाले का
बिना बिका बेकार हो गया,

मुझे हाट में छोड़ अकेला
एक-एक कर मीत चला।
ज़ीवन बीत चला।

सन् 1960, जन्मदिन पर रचित

दूध में दरार पड़ गई

खून क्यों सफेद हो गया ?
भेद में अभेद खो गया।
बँट गए शहीद, गीत कट गए,
कलेजे में कटार गड़ गई,
दूध में दरार पड़ गई।

खेतों में बारूदी गन्ध,
टूट गए नानक के छन्द
सतलुज सहम उठी, व्यथित सी वितस्ता है,
वसन्त से बहार झड़ गई,
दूध में दरार पड़ गई।

अपनी ही छाया से बैर,
गले लगने लगे हैं गैर,
खुदकुशी का रास्ता, तुम्हें वतन का वास्ता
बात बनाएँ, बिगड़ गई,
दूध में दरार पड़ गई।

गीत नहीं गाता हूँ

बेनक़ाब चेहरे हैं,
दाग़ बड़े गहरे हैं,
टूटता तिलस्म, आज सच से भय खाता हूँ,
गीत नहीं गाता हूँ।

लगी कुछ ऐसी नज़र,
बिखरा शीशे-सा शहर,
अपनों के मेले में मीत नहीं पाता हूँ,
गीत नहीं गाता हूँ।

पीठ में छुरी-सा चाँद,
राहु गया रेखा फाँद,
मुक्ति के क्षणों में बार-बार बँध जाता हूँ,
गीत नहीं गाता हूँ।

दूर कहीं कोई रोता है

तन पर पहरा, भटक रहा मन,
साथी है केवल सूनापन,
बिछुड़ गया क्या स्वजन किसी का,
क्रन्दन सदा करुण होता है।

जन्म-दिवस पर हम इठलाते,
क्यों न मरण-त्योहार मनाते,
अन्तिम यात्रा के अवसर पर,
आँसू का अशकुन होता है।

अन्तर रोये, आँख न रोए,
धुल जाएँगे स्वप्न सँजोए,
छलना भरे विश्व में केवल
सपना ही तो सच होता है।

इस जीवन से मृत्यु भली है,
आतंकित जब गली-गली है,
मैं भी रोता आसपास जब
कोई कहीं नहीं होता है।
दूर कहीं कोई रोता है।

"

जो जितना ऊँचा,
उतना ही एकाकी होता है,
हर भार को स्वयं ही ढोता है,
चेहरे पर मुस्कानें चिपका,
मन ही मन रोता है।

जरूरी यह है कि
ऊँचाई के साथ विस्तार भी हो,
जिससे मनुष्य
ठूँठ-सा खड़ा न रहे,
औरों से घुले-मिले,
किसी को साथ ले,
किसी के संग चले।

"

चोर-सिपाही

चोर-सिपाही खेल बहुत बचपन में खेले,
दौड़े-भागे, पीछे-आगे, धक्के झेले।

किसे पता था बनना सचमुच चोर पड़ेगा,
क्या मालुम था चोर-चोर का शोर बढ़ेगा ?

एक साल से एक बात पर समझ न आई,
पकड़ लिया है फिर भी पीछे लगा सिपाही।

पकड़ लिया तो छोड़ो, खेल बढ़ाएँ आगे,
अजब खिलाड़ी, हारे तो बाज़ी से भागे।

खेल कर दिया बन्द, मची मैदान तबाही,
चोर रहेगा चोर, सिपाही सदा सिपाही।

सूखती रजनीगन्धा

कहु संजनी ! रजनी कहाँ ?
अँधियारे में चूर;
एक बरस में ढर गया,
चेहरे पर से नूर;
चेहर पर से नूर;
दूर दिल्ली दिखती है;
नियति निगोड़ी कभी
कथा उलटी लिखती है;
कह क़ैदी कविराय,
सूखती रजनीगन्धा;
राजनीति का पड़ता है,
जब उलटा फंदा !

मन्त्रिपद तभी सफल है

बस का परमिट माँग रहे हैं,
भैया के दामाद;
पेट्रोल का पम्प दिला दो,
दूजे की फरियाद;
दूजे की फरियाद,
सिफारिश काम बनाती;
परिचय की परची,
किस्मत के द्वार खुलाती;
कह कैदी कविराय,
भतीजावाद प्रबल है;
अपनों को रेवड़ी,
मन्त्रिपद तभी सफल है।

कार्ड की महिमा

पोस्ट कार्ड में गुण बहुत,
सदा डालिए कार्ड;
कीमत कम, सेंसर सरल,
वक्त बड़ा है हार्ड;
वक्त बड़ा है हार्ड,
सम्हल कर चलना भैया;
बड़े-बड़ों की फूँक सरकती,
देख सिपहिया;
कह कैदी कविराय,
कार्ड की महिमा पूरी;
राशन, शासन, शादी–
व्याधी, कार्ड ज़रूरी।

नहीं पुलिस का पीछा छूटा

घर पहुँचे हम बाद में,
पहले पुलिस तैयार;
रोम-रोम गद्गद हुआ,
लखि स्वागत-सत्कार;
लखि स्वागत-सत्कार,
पराये अपने घर में;
कुत्ते का भी नाम
लिख लिया रजिस्टर में;
कह क़ैदी कविराय,
शास्त्री कसें लँगोटा;
जनसंघ छूटा, नहीं पुलिस
का पीछा छूटा।

अँधेरा कब जाएगा ?

दर्द कमर का तेज़,
रात भर लगीं न पलकें,
सहलाते बस रहे,
एमरजेंसी की अलकें;
नर्स नींद में चूर,
ऊँघते सभी सिपाही;
कंठ सूखता, पर
उठने की सख्त मनाही;
कह क़ैदी कविराय,
सवेरा कब आएगा ?
दम घुटने लग गया,
अँधेरा कब जाएगा ?

जेल की सुविधाएँ

डाक्टरान दे रहे दवाई,
पुलिस दे रही पहरा;
बिना ब्लेड के हुआ खुरदरा,
चिकना-चुपड़ा चेहरा;
चिकना-चुपड़ा चेहरा,
साबुन, तेल नदारत;
मिले नहीं अखबार,
पढ़ेंगे नई इबारत;
कह क़ैदी कविराय,
कहाँ से लाएँ कपड़े;
अस्पताल की चादर,
छुपा रही सब लफड़े।

अनुशासन पर्व

अनुशासन का पर्व है,
बाबा का उपदेश;
हवालात की हवा भी
देती यह सन्देश;
देती यह सन्देश,
राज डण्डे से चलता;
जब हज करने जाएँ,
रोज़ कानून बदलता;
कह कैदी कविराय,
शोर है अनुशासन का;
लेकिन ज़ोर दिखाई
देता दुःशासन का।

आचार्य विनोबा ने आपातकाल को अनुशासन पर्व की संज्ञा दी थी।

शासन पर मरते हैं

सिंह के सपूतों को सीखचों में बन्द कर,
संसद भवन में स्यार हुआ-हुआ करते हैं।
चाटुकार चमचों की चाँदी चमाचम चमकी,
निष्कलंक निडर नवाए सर फिरते हैं।
निर्लज्ज, निर्दयी निशाने पर निशाने साध,
व्याध के समान विहगों के प्राण हरते हैं।
लोक लाज छोड़, लोक राज का गला मरोड़,
अनुशासन रटते पर शासन पर मरते हैं।

बुलाती तुम्हें मनाली

आसमान में बिजली ज्यादा,
घर में बिजली कम,
टेलीफोन घुमाते जाओ,
ज्यादातर गुमसुम।

बर्फ ढकी पर्वतमालाएँ,
नदियाँ, झरने, जंगल,
किन्नरियों का देश,
देवता डोलें पल-पल।

हरे-हरे बादाम, वृक्ष पर
लदे खड़े चिलगोजे,
गन्धक मिला उबलता पानी,
खोई मणि को खोजे।

दोनों बाँह पसार,
बुलाती तुम्हें मनाली,
दावानल में मलयानिल सी
महकी, मित्र, मनाली।

अमर है गणतन्त्र

राजपथ पर भीड़, जनपथ पड़ा सूना,
पलटनों का मार्च, होता शोर दूना।
शोर से डूबे हुए स्वाधीनता के स्वर,
रुद्ध वाणी, लेखनी जड़, कसमसाता डर।
भयातंकित भीड़, जन अधिकार वंचित,
बन्द न्याय कपाट, सत्ता अमर्यादित।
लोक का क्षय, व्यक्ति का जयकार होता,
स्वतन्त्रता का स्वप्न रावी तीर रोता।

रक्त के आँसू बहाने को विवश गणतन्त्र,
राजमद ने रौंद डाले मुक्ति के शुभ मन्त्र।
क्या इसी दिन के लिए पूर्वज हुए बलिदान ?
पीढ़ियाँ जूझीं, सदियों चला अग्नि-स्नान ?
स्वतन्त्रता के दूसरे संघर्ष का घननाद,
होलिका आपात् की फिर माँगती प्रह्लाद।
अमर है गणतन्त्र, कारा के खुलेंगे द्वार,
पुत्र अमृत के, न विष से मान सकते हार।

गणतंत्र दिवस, 1975

क्षमायाचना

क्षमा करो बापू ! तुम हमको,
वचन भंग के हम अपराधी,
राजघाट को किया अपावन,
मंजिल भूले, यात्रा आधी।

जयप्रकाशजी ! रखो भरोसा,
टूटे सपनों को जोड़ेंगे।
चिताभस्म की चिनगारी से,
अंधकार के गढ़ तोड़ेंगे।

पद ने जकड़ा

पहले पहरेदार थे,
अब भी पहरेदार;
तब थे तेवर तानते,
अब झुकते हर बार;
अब झुकते हर बार,
वक्त की है बलिहारी;
नज़र चढ़ाने वालों ने ही,
नज़र उतारी;
कह क़ैदी कविराय,
पुनः बन्धन ने जकड़ा;
पहले मद ने और आजकल,
पद ने पकड़ा।

विदेशमंत्री बनने के बाद रचित

हाथों को मलते

देश-निकाला मिल गया,
मंत्रालय फॉरेन;
कूटनीति के शस्त्र हैं,
बैन, नैन और सैन;
बैन, नैन और सैन,
छुरी-काँटे भी चलते;
पहले हाथ मिलाते,
फिर हाथों को मलते;
कह क़ैदी कविराय,
लाँघना सात समंदर;
लेकिन पहले शक्ति
जुटाना घर के अंदर।

विदेशमंत्री बनने के समय रचित

न्यूयार्क

मायानगरी देख ली,
इन्द्रजाल की रात;
आसमान को चूमती,
धरती की बारात;
धरती की बारात,
रूप का रंग निखरता;
रस का पारावार,
डूबता हृदय उबरता;
कह क़ैदी कविराय,
बिकाऊ यहाँ ज़िन्दगी;
चमक-दमक में छिपी,
गरीबी और गन्दगी।

दो चतुष्पदी

वही मन्ज़िल
वही कमरा
वही खिड़की
वही पहरा

राज बदला
ताज बदला
पर नहीं
समाज बदला

बजेगी रण की भेरी

दिल्ली के दरबार में,
कौरव का है ज़ोर;
लोकतंत्र की द्रौपदी,
रोती नयन निचोर;
रोती नयन निचोर
नहीं कोई रखवाला;
नए भीष्म, द्रोणों ने
मुख पर ताला डाला;
कह क़ैदी कविराय,
बजेगी रण की भेरी;
कोटि-कोटि जनता
न रहेगी बनकर चेरी।

वेदना

कोठरी सूनी
वेदना दूनी
झींगुरों का स्वर
बेधता अन्तर

बन्द है आकाश
घुट रहा निःश्वास

जेल की डायरी के पन्ने से उद्धृत

पाप का घड़ा भरा है

जन्म जहाँ श्रीकृष्ण का,
वहाँ मिला है ठौर;
पहरा आठों याम का,
जुल्म-सितम का दौर;
जुल्म-सितम का दौर;
पाप का घड़ा भरा है;
अत्याचारी यहाँ
कंस की मौत मरा है;
कह क़ैदी कविराय,
धर्म ग़ारत होता है;
भारत में तब सदा,
महाभारत होता है।

श्रीकृष्ण का जन्म जेल में हुआ था। कवि भी इस समय जेल में बंदी है।

धरे गए बंगलौर में

धरे गए बंगलौर में,
अडवानी के संग;
दिन-भर थाने में रहे,
हो गई हुलिया तंग;
हो गई हुलिया तंग,
श्याम बाबू भन्नाए;
'प्रातः पकड़े गए,
न अब तक जेल पठाए ?'
कह क़ैदी कविराय,
पुराने मंत्री ठहरे;
हम तट पर ही रहे,
मिश्रजी उतरे गहरे।

बेचैनी की रात

बेचैनी की रात,
प्रात भी नहीं सुहाता;
घिरी घटा घनघोर,
न कोई पंछी गाता;
तन भारी, मन खिन्न,
जागता दर्द पुराना;
सब अपने में मस्त,
पराया कष्ट न जाना;
कह क़ैदी कविराय,
बुरे दिन आने वाले;
रह लेंगे जैसा
रखेंगे ऊपर वाले।

जेल-जीवन में लिखित

अस्पताल की याद रहेगी

योग, प्रयोग, नियोग
की चर्चा सुनी अपार;
रोग सदा पल्ले पड़ा,
खुला जेल का द्वार;
खुला जेल का द्वार,
किया ऐसा शीर्षासन;
दुनिया उलटी हुई,
डोल उट्ठा सिंहासन;
कह क़ैदी कविराय,
मुफ्त की मालिश महँगी;
बंगलौर के अस्पताल
की याद रहेगी।

विजयादशमी

दस मन्ज़िल ऊपर से चढ़कर,
देखा रावण जलता,
सदियों से स्वाहा होकर भी–
पाप निरन्तर फलता।

राम-विजय की कथा पुरानी,
किन्तु युद्ध जारी है,
राजपाट के लिए अयोध्या
फुँकने की बारी है।

माँ की ममता ने समाज को–
फिर संकट में डाला,
न्याय निरादृत हुआ,
धर्म ने पाया देश निकाला।

कोटि-कोटि भारतवासी–
क्या दर्शक बने रहेंगे ?
सत्ता के बल पर मुट्ठी-भर–
कब तक तने रहेंगे ?

दीवाली

दूर दीवाली,
पास अँधेरा,
चार दीवारी,
कसता घेरा;

हटी गरीबी,
लक्ष्मी-पूजन;
गिरी झोंपड़ी,
नव परिवर्तन;

घिरी अमावस
दीप बुझ गए,
पासा पलटा,
साधु लुट गए !

अपने घर में दासी

बनने चली विश्व-भाषा जो,
अपने घर में दासी;
सिंहासन पर अँगरेजी है,
लखकर दुनिया हाँसी;
लखकर दुनिया हाँसी,
हिन्दीदाँ बनते चपरासी;
अफसर सारे अँगरेज़ीमय,
अवधी या मदरासी;
कह क़ैदी कविराय,
विश्व की चिन्ता छोड़ो;
पहले घर में
अँगरेज़ी के गढ़ को तोड़ो !

विश्व हिन्दी सम्मेलन

पोर्ट लुई[1] के घाट पर,
नवपण्डों की भीर;
रोली, अक्षत, नारियल,
सुरसरिता का नीर;
सुरसरिता का नीर,
लगा चन्दन का घिस्सा;
भैयाजी[2] ने औरों
का भी हड़पा हिस्सा;
कह क़ैदी कविराय,
जयतु जय शिवसागर जी;
जय भगवती[3] जागरण,
निरावरण जय नागर जी[4] !

1. मॉरिशस की राजधानी, 2. पं. श्रीनारायण चतुर्वेदी, 3. श्री भगवती चरण वर्मा, 4. श्री अमृतलाल नागर

गूँजी हिन्दी विश्व में

गूँजी हिन्दी विश्व में,
स्वप्न हुआ साकार;
राष्ट्र संघ के मंच से,
हिन्दी का जयकार;
हिन्दी का जयकार,
हिन्द हिन्दी में बोला;
देख स्वभाषा-प्रेम,
विश्व अचरज से डोला;
कह क़ैदी कविराय,
मेम की माया टूटी;
भारत माता धन्य,
स्नेह की सरिता फूटी।

विदेशमंत्री के रूप में संयुक्त राष्ट्र संघ के अधिवेशन में 4 अक्तूबर, 1977 को हिन्दी में दिए गए भाषण के बाद रचित।

“

हम जंग न होने देंगे !
विश्व शान्ति के हम साधक हैं, जंग न होने देंगे !

कभी न खेतों में फिर खूनी खाद फलेगी,
खलिहानों में नहीं मौत की फसल खिलेगी,
आसमान फिर कभी न अंगारे उगलेगा,
एटम से नागासाकी फिर नहीं जलेगी,
युद्धविहीन विश्व का सपना भंग न होने देंगे।
जंग न होने देंगे।

”

कवि आज सुना वह गान रे !

कवि आज सुना वह गान रे,
जिससे खुल जाएँ अलस पलक,
नस-नस में जीवन झंकृत हो,
हो अंग-अंग में जोश ललक।
ये बन्धन चिरबन्धन
टूटें-फूटें प्रासाद गगनचुम्बी
हम मिलकर हर्ष मना डालें,
हूकें डर की मिट जाएँ सभी।

यह भूख-भूख सत्यानाशी
बुझ जाए उदर की जीवन में।
हम वर्षों से रोते आए
अब परिवर्तन हो जीवन में।

क्रन्दन-क्रन्दन चीत्कार और,
हाहाकारों से चिर परिचय।
कुछ क्षण को दूर चला जाए,
यह वर्षों से दुख का संचय।

हम ऊब चुके इस जीवन से,
अब तो विस्फोट मचा देंगे।
हम धू-धू जलते अंगारे,
अब तो कुछ कर दिखला देंगे।

अरे ! हमारी ही हड्डी पर,
इन दुष्टों ने महल रचाए।
हमें निरन्तर चूस-चूस कर,
झूम-झूम कर कोष बढ़ाए।

रोटी-रोटी के टुकड़े को,
बिलख-बिलखकर लाल मरे हैं।
इन मतवाले उन्मत्तों ने,
लूट-लूट कर गेह भरे हैं।

पानी फेरा मर्यादा पर,
मान और अभिमान लुटाया।
इस जीवन में कैसे आए,
आने पर भी क्या कुछ पाया ?

रोना, भूखों मरना, ठोकर खाना,
क्या यही हमारा जीवन है ?
हम स्वच्छन्द जगत में जन्मे,
फिर कैसा यह बन्धन है ?

मानव स्वामी बने और–
मानव ही करे गुलामी उसकी।
किसने है यह नियम बनाया,
ऐसी है यह आज्ञा किसकी ?

सब स्वच्छन्द यहाँ पर जनमे,
और मृत्यु सब ही पाएँगे।
फिर यह कैसा बन्धन जिसमें,
मानव पशु-से बँध जाएँगे ?

अरे ! हमारी ज्वाला सारे–
बन्धन टूक-टूक कर देगी।
पीड़ित दलितों के हृदयों में,
अब न एक भी हूक उठेगी।

हम दीवाने आज जोश की–
मदिरा पी उन्मत्त हुए।
सब में हम उल्लास भरेंगे,
ज्वाला से सन्तप्त हुए।

रे कवि ! तू भी स्वरलहरी से,
आज आग में आहुति दे।
और वेग से भभक उठें हम,
हृद्-तन्त्री झंकृत कर दे।

ग्वालियर के विक्टोरिया कॉलेजिएट हाई स्कूल की कॉलेज पत्रिका में सन् 1939 में प्रकाशित कविता। उस समय अटलजी कक्षा नौ के छात्र थे।

“

जब तक गंगा की धार,
सिन्धु में ज्वार
अग्नि में जलन,
सूर्य में तपन शेष;
स्वातन्त्र्य समर की वेदी पर
अर्पित होंगे
अगणित जीवन,
यौवन अशेष।

”

बबली की दिवाली

बबली, लौली कुत्ते दो,
कुत्ते नहीं खिलौने दो,
लम्बे-लम्बे बालों वाले,
फूले-पिचके गालों वाले।
कद छोटा, खोटा स्वभाव है,
देख अजनबी बड़ा ताव है,
भागे तो बस शामत आई,
मुँह से झटपट पैण्ट दबाई।
दौड़ो मत, ठहरो ज्यों के त्यों,
थोड़ी देर करेंगे भौं-भौं।
डरते हैं इसलिए डराते,
सूँघ-साँघ कर खुश हो जाते।
इन्हें तनिक-सा प्यार चाहिए,
नजरों में एतबार चाहिए,
गोदी में चढ़कर बैठेंगे,
हँसकर पैरों में लोटेंगे।
पाँव पसार पलँग पर सोते,
अगर उतारो मिलकर रोते;
लेकिन नींद बड़ी कच्ची है,
पहरेदारी में सच्ची है।
कहीं जरा-सा होता खटका,
कूदे, भागे, मारा झटका,

लौली और बबली पालतू कुत्तों के नाम हैं।

पटका लैम्प, सुराही तोड़ी,
पकड़ा चूहा, गर्दन मोड़ी।
बिल्ली से दुश्मनी पुरानी,
उसे पकड़ने की है ठानी,
पर बिल्ली है बड़ी सयानी,
आखिर है शेरों की नानी,
ऐसी सरपट दौड़ लगाती,
कुत्तों से न पकड़ में आती।
बबली माँ है, लौली बेटा,
माँ सीधी है, बेटा खोटा,
पर दोनों में प्यार बहुत है,
प्यार बहुत, तकरार बहुत है।
लड़ते हैं इन्सानों जैसे,
गुस्से में हैवानों जैसे,
लौली को कीचड़ भाती है,
व्यर्थ बसन्ती नहलाती है।
लोट-पोट कर करें बराबर,
फिर बिस्तर पर चढ़ें दौड़कर,
बबली जी चालाक, चुस्त हैं,
लौली बुद्धू और सुस्त हैं।
घर के ऊपर बैठा कौवा,
बबली जी को जैसे हौवा,
भौंक-भौंक कोहराम मचाती,
आसमान सर पर ले आती।
जब तक कौवा भाग न जाता,
बबली जी को चैन न आता,
आतिशबाजी से घबराते,
बिस्तर के नीचे छुप जाते।
एक दिवाली ऐसी आई,
बबली जी ने दौड़ लगाई
बदहवास हो घर से भागी,
तोड़े रिश्ते, ममता त्यागी।

कोई सज्जन मिले सड़क पर,
मोटर में ले गए उठाकर,
रपट पुलिस में दर्ज करायी,
अखबारों में खबर छपाई।
लौली जी रह गए अकेले,
किससे झगड़ें, किससे खेलें,
बजी अचानक घण्टी टन-टन,
उधर फोन पर बोले सज्जन
क्या कोई कुत्ता खोया है ?
रंग कैसा, कैसा हुलिया है ?
बबली जी का रूप बखाना,
रंग बखाना, ढंग बखाना।
बोले आप तुरन्त आइए,
परेशान हूँ, रहम खाइए;
जब से आई है, रोती है,
ना खाती है, ना सोती है;
मोटर लेकर सरपट भागे,
नहीं देखते पीछे आगे;
जा पहुँचे जो पता बताया,
घर घण्टी का बटन दबाया;
बबली की आवाज सुन पड़ी,
द्वार खुला, सामने आ खड़ी;
बदहवास सी सिमटी-सिमटी,
पलभर ठिठकी, फिर आ लिपटी,
घर में लहर खुशी की छाई,
मानो दीवाली फिर आई;
पर न चलेगी आतिशबाजी,
कुत्ता पालो मेरे भ्राजी।

□□□